Le langage sur l'Internet, un savoir-faire ancien numérisé

Langue et Parole
Recherches en Sciences du Langage
Collection dirigée par Henri Boyer

La collection *Langue et Parole* se donne pour objectif la publication de travaux, individuels ou collectifs, réalisés au sein d'un champ qui n'a cessé d'évoluer et de s'affirmer au cours des dernières décennies, dans sa diversification (théorique et méthodologique), dans ses débats et polémiques également. Le titre retenu, qui associe deux concepts clés du *Cours de Linguistique Générale* de Ferdinand de Saussure, veut signifier que la collection diffusera des études concernant l'ensemble des domaines de la linguistique contemporaine : descriptions de telle ou telle langue, parlure ou variété dialectale, dans telle ou telle de leurs composantes ; recherches en linguistique générale mais aussi en linguistique appliquée et en linguistique historique ; approches des pratiques langagières selon les perspectives ouvertes par la pragmatique ou l'analyse conversationnelle, sans oublier les diverses tendances de l'analyse de discours.

Il s'agit donc bien de faire connaître les développements les plus actuels d'une science résolument ouverte à l'interdisciplinarité et qui cherche à éclairer l'activité de langage sous tous ses angles.

Déjà parus

Marina-Oltea Paunescu : *Le débat en question(s),* 2006.
Marcienne MARTIN, *Le pseudonyme sur Internet*, 2006.
K. DJORDJEVIĆ, J. KOSTOV, J. OČKOVÁ, S. PANOV, A. PASHCHENKO, R.-M. VOLLE, *Á l'Est, du nouveau ?,* 2005.
Liliane JAGUENEAU , *Images et dynamiques de la langue*, 2005
Teddy ARNAVIELLE (éditeur), *Langues : histoires et usages dans l'aire méditerranéenne*, 2005.
Alain COÏANIZ, *Langages, cultures, identités. Questions de point de vue*, 2005.
Aline GRANGE, *L'Europe des drogues*, 2005
Bernard LE DREZEN, *Victor Hugo ou l'éloquence souveraine*, 2005.
Henri BOYER, *De l'autre côté du discours*, 2003.
Alda MARI, *Principes d'identification et de catégorisation du sens*, 2003.

Marcienne MARTIN

LE LANGAGE SUR L'INTERNET, UN SAVOIR-FAIRE ANCIEN NUMÉRISÉ

L'Harmattan

5-7, rue de l'Ecole polytechnique ; 75005 Paris

http://www.librairieharmattan.com
diffusion.harmattan@wanadoo.fr
harmattan1@wanadoo.fr

ISBN : 978-2-296-03234-7
EAN : 9782296032347

SOMMAIRE

INTRODUCTION.. 9
CHAPITRE I La révolution numérique et l'art de converser.. 15
1.1 Les échanges communicationnels sur l'Internet : du groupe restreint au groupe démultiplié................ 20
1.2 Du réel au virtuel : les distances personnelle et sociale sur Internet...................................... 28
1.3 Sur le média Internet : des interactions de type symétrique... 32
CHAPITRE II L'écriture, entre mémoire culturelle et outil de communication.................................. 39
2.1 Le fait scripturaire, une extérioralité du code oral 41
2.2 Le jargon de l'internaute............................ 47
2.3 Une approche structurelle de ce nouveau langage.. 53
2.4 Conclusion à l'analyse de ces corpus................ 72
2.5 Un même code et une même technique pour des technologies et des enjeux différents...................... 81
2.6 Présentation de ce nouveau code à partir d'exemples de type prescriptif et autopoïètique......... 86
CHAPITRE III Codification et normalisation des termes et expressions de l'Internet........................ 99
3.1 La codification et la normalisation des termes ou expressions désignant les pictogrammes électroniques 102
3.2 La codification et la normalisation des néologismes en cours sur l'Internet........................ 113
3.3 Entre réalité et utopie : un modèle démocratique construit sur l'élitisme.................................... 119
CONCLUSION.. 131
TABLE DES SIGLES, ABRÉVIATIONS ET ACRONYMES.. 137

BIBLIOGRAPHIE.. 139
INDEX.. 157
LISTE DES ILLUSTRATIONS.. 161

INTRODUCTION

> *La première étape dans la constitution d'une langue a consisté à assigner à des faits du domaine de l'expérience des signes transmissibles de façon acoustique, ou de toute autre façon.*
>
> Einstein[1]

L'homme s'est de tout temps interrogé sur ses origines. Descendant des dieux ou des grands primates ? Programmation génétique sophistiquée, pour qui et pourquoi ? La première hypothèse a longtemps prévalu, car cette déification anthropomorphique permettait ainsi à l'homme, à défaut de connaître les réponses exactes quant à sa réalité terrestre, de se créer des repères lui permettant de faire d'un monde in-connu, générateur d'angoisses, un monde connu, mis en règles, donc sécurisant. C'est dire de l'homme qu'il est un homme de repères. Quant à la deuxième hypothèse, elle est née sous l'instigation de recherches menées par Darwin naturaliste et biologiste anglais. Dans son œuvre principale, *L'origine des espèces par voie de sélection naturelle* (1871), il propose la théorie suivante : tout en maintenant un équilibre relatif entre les espèces végétales et animales, la raréfaction des ressources peut induire des mutations au niveau de chaque espèce et lui donner une plus grande probabilité de survie. Ainsi, les îles Galapagos forment des niches écologiques qui conservent des systèmes vivants n'ayant subi aucune modification génétique du fait de leur maintien dans un biotope fermé, ces îles se situant à plus de mille kilomètres de l'État de l'Équateur. Cette théorie de l'évolution des espèces a présidé à la fin de l'homme-dieu et

---

[1] Cité in Œuvres choisies d'Albert Einstein - Sciences, éthique et philosophie, tome V, 1991,252 p.

la naissance de l'homme appartenant à la famille des grands primates. Elle a été confortée par des fouilles archéologiques qui ont mis à jour des restes d'anthropoïdes dont la morphologie laisserait à penser qu'ils seraient les ancêtres de l'homme.

Les dernières avancées technologiques, avec les découvertes faites dans le cadre de la biologie moléculaire, font de l'homme un être « bionique ». À l'instar de l'ordinateur, il aurait ses circuits neuronaux en place des circuits imprimés, sa mémoire vive, celle des souvenirs immédiats en place de la mémoire vive de l'ordinateur, appelée « RAM[2] » et enfin, sa mémoire morte, celle du stockage de ses expériences qui, appelées à tout moment, peuvent être réactualisées et apporter des informations différentes sur un événement donné. Elle ajoute aussi des informations supplémentaires au stockage d'informations déjà existantes. Par ailleurs, les chercheurs en biologie moléculaire ont pratiquement terminé la mise en place de la carte du génome humain. Cette carte est une réécriture du programme génétique contenu dans les spirales des molécules ADN[3] et ARN, matériaux de construction de base pour tout système vivant. L'homme est ainsi écrit dans ces deux molécules. Y sont programmés, la couleur de ses yeux, de ses cheveux, sa taille, ses fragilités, ses forces organiques et psychiques. Quant à ses souvenirs, ses souffrances, son génie créatif, ils participent d'un entre-deux, homme bionique et homme de spiritualité, encore mystérieux.

Bien que l'origine du vivant ait suscité et suscite encore de nombreuses interrogations, la naissance du langage et sa mise en forme codifiée à travers l'écrit ont été et sont toujours la

[2] *Cf.* Table des sigles, abréviations et acronymes en page 135.
[3] *Idem.*

source d'une curiosité interrogative de la part du philosophe, du philologue, du psychologue, de l'écrivain, de tous les 'ogues', 'iers'et 'ains'et du poète, enfin. La conception de la nature et de l'usage de la parole fut divine avant que d'être humaine. Ainsi, dans la Bible le 'Verbe'est ce qui sous-tend la spiritualisation de l'homme et lui donne un statut particulier : n'appartenant pas encore au règne des dieux, mais ne faisant plus tout à fait partie du règne animal. Strauss souligne à ce propos : « Le langage se trouve au cœur de tout débat sur l'identité ; et c'est à dessein que j'emploie le mot 'cœur'. Il est souvent considéré comme une expression de comportement (incluant la parole, la lecture, l'écriture et l'audition) parmi bien d'autres » (1992, p. 17).

Née des dernières technologies, de la mise en contact d'individus et non plus de groupes, d'êtres désirant communiquer avec l'autre et non plus l'asservir, l'Internet est devenu un laboratoire *in vivo* dans lequel une langue écrite est en train de se créer. C'est donc à travers ce nouveau moyen de communication que nous allons nous interroger sur l'intentionnalité qui préside à cette forme d'écriture particulière. Y aurait-il une tentative de codification de ce langage, comment et pourquoi ? Qu'en est-il d'une langue en devenir n'utilisant que la forme écrite, alors que les recherches faites jusqu'à présent privilégient la théorie d'une langue orale ayant basculé, par le biais d'un code, vers une graphie des sons ? Par ailleurs, lors de ces échanges communicationnels les usagers tentent de faire passer un certain nombre d'informations. Mais quel genre d'informations veulent-ils transmettre à travers ce langage spécifique ? Derrière une mise en signe de faits du monde manifesté, y aurait-il de la part de l'homme une pluralité d'intentions ? Comment se manifestent-elles entre transferts d'information et expressions émotives dans cette donne particulière qu'est l'Internet ?

Le micro-ordinateur, en tant que support matériel, a modifié notre rapport à l'écrit. Nous nous interrogerons, donc, sur la nature de ces transformations. En effet, que recouvre la notion d'écrit numérique, plus spécifiquement, lors des échanges communicationnels entre locuteurs sur l'Internet. À cette particularité s'ajoute la création de néologismes, d'acronymes ainsi que la traduction écrite des émotions à travers un système iconographique. Les locuteurs communiquant sur le média Internet ne se voient pas, mais utilisent un code dont la forme est l'écrit, et le fond, l'oral. Ces usagers veulent que cette communication écrite soit aussi rapide que celle en cours lors d'échanges oraux. Ils vont, donc, axer leur savoir écrire sur une économie de type expressif. Ils veulent aussi transmettre sentiments et émotions, et pour cela, ils vont faire appel à des symboles pictographiques. Quant à leur identité, elle se construit entre le masque social du pseudonyme[4] et de nouvelles constructions langagières.

---

[4] À ce sujet, *cf.* Marcienne Martin, Le pseudonyme sur Internet - Une nomination située au carrefour de l'anonymat et de la sphère privée, Éditions L'Harmattan, 2006.

Cependant, ces nouvelles technologies, générées à partir de concepts novateurs, réactualisent un objet ancien, l'art scripturaire. L'analyse de tous ces paramètres nous aidera, ainsi, à mieux comprendre la spécificité de la communication initialisée sur la Toile[5].

---

[5] Web n. m.
Équivalent(s) English : World Wide Web.
Définition : Système basé sur l'utilisation de l'hypertexte, qui permet la recherche d'information dans Internet, l'accès à cette information et sa visualisation.
Sous-entrée(s) : synonyme(s) W3 n. m., Toile n. f.
Variante(s) graphique(s) : web n. m.
Terme(s) non retenu(s) : toile d'araignée mondiale, TAM, toile mondiale, hypertoile.
Note(s) : Le Web a été inventé en 1990 par Tim Berners-Lee et Robert Cailliau pour le Centre européen de recherche nucléaire (CERN), en Suisse.
Le terme Web, d'origine anglo-saxonne, perd ses connotations culturelles en français où il prend une valeur de nom propre. De plus, même si l'on retrouve les appellations anglaises World Wide Web et WWW dans les ouvrages en français, celles-ci constituent des emprunts difficiles à intégrer au français sur le plan phonétique. C'est pourquoi l'appellation Web est à privilégier, car elle est courte et se prononce facilement. [...] Actuellement, on utilise les prépositions dans et sur en association avec le terme Web. On trouve également en français les termes toile d'araignée mondiale, abrégée en TAM, toile mondiale, toile et hypertoile, les quatre premiers ayant été adoptés par la Commission générale de terminologie et de néologie de France. À l'heure actuelle, certains d'entre eux peuvent avoir un intérêt descriptif, un peu comme on parle parfois d'Internet en l'appelant le réseau des réseaux, mais, sauf Toile (traduction française de Web, qui a des adeptes surtout en Europe francophone), les autres termes sont difficilement utilisables à titre de dénomination du système qu'est le Web. On écrira Toile, de préférence avec une majuscule, pour la distinguer de l'autre toile (le tissu).
(Office québécois de la langue française, 2005, http://www.oqlf.gouv.qc.ca/ressources/gdt.html)

CHAPITRE I

LA RÉVOLUTION NUMÉRIQUE ET L'ART DE CONVERSER

Nombre de chercheurs s'accordent sur le fait que ce nouveau paradigme numérique, dont fait partie l'Internet, est à l'origine d'une transformation dans les *habitus* sociaux, qui touche une grande partie de la population mondiale. Ainsi, le premier sommet mondial sur la société de l'information, organisé à la demande de l'ONU, s'est tenu à Genève du 10 au 12 décembre 2003. Ramonet[6], qui relate ce fait, évoque « le nouvel ordre Internet » et stipule :

> Rien n'est plus comme avant. L'accélération et la fiabilité des réseaux ont changé la manière de communiquer, d'étudier, d'acheter, de s'informer, de se distraire, de s'organiser, de se cultiver et de travailler d'une importante partie des habitants de la planète (janvier 2004, p. 1).

Évoquant cet événement médiatique, cet auteur ajoute : « C'est un événement majeur. Comparable, en matière de technologies de la communication, par son ampleur, ses effets et ses enjeux, à ce que représenta, pour l'environnement, le Sommet de la Terre de Rio en 1992 » (*ibid.*, p. 1).

Plusieurs problématiques font l'objet de recherches, d'analyses et de propositions :

- l'apparente égalité entre les internautes, laquelle présiderait à leurs rapports dans les salons de conversation ;

---

[6] Directeur du Monde diplomatique, docteur en sémiologie, Ignacio Ramonet est l'auteur d'ouvrages qui traitent de l'emprise des médias sur les sociétés ainsi que des transformations des modes de vie avec l'avènement du multimédia et du numérique. Il est l'auteur notamment de Géopolitique du chaos et de La propagande silencieuse, titres parus, respectivement, en 1999 et 2000.

- un système de communication qui relierait chacun à tous, abolissant ainsi les frontières ;
- l'accès à toutes connaissances et informations pour tout sujet disposant d'un ordinateur et de l'Internet.

Ce mythe est « pour les fondamentalistes d'Internet, l'idéal d'un monde transparent [qui] s'incarne dans un 'village global', sans frontière, sans Loi, sans contrainte » (Breton, 2000, p. 57). En revanche, Wolton souligne que :

[...] non seulement les machines ne simplifient pas forcément les relations humaines et sociales, non seulement elles n'abolissent pas le temps, mais parfois elles amplifient la bureaucratie ou plutôt elles ajoutent une bureaucratie technique à la bureaucratie humaine. [...] Ce que l'écran permettra de simplifier, et de rendre plus direct et transparent d'un côté, sera au contraire plus réglementé, plus fermé et plus codé de l'autre. [...] Tout simplement parce qu'il n'y a jamais de rapports sociaux transparents (2000, p. 109).

Cet auteur précise que l'accès à la connaissance et à l'information est à la source de « la renaissance des inégalités ». Comparant les répercussions de l'Internet et des médias télévisuel et radiophonique sur l'utilisateur, il stipule ainsi :

L'utilisation de ces terminaux à domicile risque d'être finalement plus sélective que la radio ou la télévision, qui sont les deux autres moyens de communication à grande échelle, mais qui ont l'avantage de fournir la même chose à chacun. Le problème, en effet, n'est pas que certains auront accès, et d'autres pas, puisque tout est possible, à condition de savoir et de payer, mais plutôt de savoir quel sera le niveau de la demande. Or, celui-ci est lié à la position sociale de chacun : un des effets de la domination socioculturelle est justement de ne pas demander autre chose que

> ce que l'on a. [...] Le risque est qu'il y ait une place pour chacun, mais que chacun soit à sa place (2000, p. 99).

Toutefois, Proulx souligne que :

> La communication par Internet transforme le rapport espace-temps. L'internaute est libéré de toute grille spatiale et temporelle qui pourrait limiter son accès à l'information. [...] On assiste à une généralisation des pratiques en temps différé de ceux qui consultent à toute heure du jour et de la nuit des sites dispersés aux divers points du globe (2004, p. 45).

Par ailleurs, cet auteur ajoute : « Internet est perçu comme étant à l'origine de nouvelles pratiques de communication et de l'invention d'un langage médiatique propre » (*ibid.*, p. 50). Nous reprendrons une manière de synthèse présentée par cet auteur et qui concerne ce paradigme numérique : « L'émergence et le développement d'Internet se situent dans un contexte social et historique beaucoup plus vaste que le seul développement des machines à communiquer » (*ibid.*, p. 51).

Finalement, ce média composé de la somme des internautes, d'organisations diverses, de structures officielles comme l'organisation dénommée *Consortium de World Wide Web* (W3C) ainsi que des machines interconnectées, forme un ensemble dont la cohérence est assurée par la structure numérique qui la sous-tend. C'est sur cette dernière que s'appuient les échanges communicationnels initialisés par les internautes dans les salles de conversation. À ce propos, Proulx stipule ainsi :

> Le rythme d'écriture marqué par l'immédiateté, le ton intime qu'il est possible d'adopter dans les échanges, le caractère disparate des messages (privés, publics, formels, informels, sérieux, drôles ou

ironiques) qu'une même personne peut écrire en un court laps de temps, les multiples écarts quant aux conventions d'écriture (laisser-aller orthographique et typographique), tout cela manifeste une nouvelle manière de communiquer rapidement par l'écrit (2004, p. 37).

Dans les paragraphes qui vont suivre, nous analyserons ces instances ainsi que la manière dont se réalisent ces interactions, que ce soit au niveau de la place occupée par le locuteur que du type de distance personnelle mis en place.

1.1 Les échanges communicationnels sur l'Internet : du groupe restreint au groupe démultiplié

Les échanges conversationnels ont fait l'objet de nombreuses études, dont les analyses proposées par les auteurs Gumperz, Kerbrat-Orecchioni et Traverso. Ce mode d'interaction verbale qu'est la conversation, a été ainsi défini par Kerbrat-Orecchioni :

> Ainsi [...] a-t-elle pour caractéristiques d'impliquer un nombre relativement restreint de participants, dont les rôles ne sont pas prédéterminés, qui jouissent tous en principe des mêmes droits et devoirs (l'interaction est de type « symétrique », et « égalitaire »), et qui n'ont pas d'autre but avoué que le seul plaisir de converser ; elle a enfin un caractère familier, et improvisé : thèmes abordés, durée de l'échange, ordre des prises de tour, tout cela se détermine au coup par coup, de façon relativement libre (1996, p. 8).

Toutefois, certains paramètres interviennent dans le bon déroulement de ce type d'interaction : il s'agit du partage du même patrimoine linguistique et culturel. En effet, les rapports au monde peuvent différer d'un groupe à un autre, ainsi le contenu sémantique de tel ou tel signifiant peut-il prendre des valeurs différentes, générant ainsi des situations d'incompréhension, voire de conflit. Nous prendrons, comme exemple, l'évolution singulière que la langue française a subie de part et d'autre de l'Atlantique, en France et dans la province du Québec [Canada]. En 1635, le cardinal de Richelieu fonde l'Académie française dont « la principale fonction [...] sera de travailler avec tout le soin et toute la diligence possibles à donner des règles certaines à notre langue et à la rendre pure, éloquente et capable de traiter les arts et les sciences » (http://www.academie-francaise.fr/langue/index.HTML). Toujours à la même époque, le grammairien Vaugelas se veut le pourfendeur du bien-parler « françois » et des locutions savoureuses comme « mauvaiseté », « barguigner », « canceller », « barbier », « jocailler » sont alors reléguées dans le parler vernaculaire. Ce parler va traverser l'Atlantique avec les premiers Français installés en Nouvelle France ; aussi le québécois est-il un mélange des langages vernaculaires des régions de l'Île de France, du Saintonge, du Poitou, de la Normandie, de la Beauce, du Berry, etc. En ce qui concerne la culture berrichonne par exemple, Sand, dans sa série de romans champêtres comme *La mare au diable* et *François le champi* (1967), utilisait des termes comme « barguigner » évoqué ci-dessus et qui signifie « hésiter » (Rogers, 1977). Ce terme est d'ailleurs toujours en usage au Québec.

Par ailleurs, et à propos de l'évolution de la communication inter-groupale, Gumperz souligne :

> [...] que les milieux urbains contemporains sont marqués par un changement dans les modes d'interaction entre sous-groupes et dans les formes de relation par lesquelles des individus d'origines différentes communiquent entre eux, [car] les formes traditionnelles de sociétés pluralistes dans lesquelles les familles vivaient en communauté enclavée ou soutenues par d'autres

communautés de même origine sociale ou technique ne sont plus dominantes aujourd'hui (1989, p. 8).

Ceci étant, ces approches définitoires d'un objet que chacun de nous appréhende couramment, à savoir la conversation, correspondent-elles à ce qui se passe dans cet espace particulier appelé « salle », « salon de conversation » ou encore « chat » ?

Ces interrogations nous renvoient à deux concepts qui circonscrivent l'acte de langage et que Kerbrat-Orecchioni appelle « la vocation communicative du langage verbal » et les « discours actualisés dans des situations concrètes de communication ». La prise en compte de ces éléments réfère à la démarche interactionniste qui s'est structurée autour des recherches de Garfinkel avec son modèle d'ethnométhodologie ; elle a pour objectif, selon Kerbrat-Orecchioni, la description du « déroulement des conversations quotidiennes en situation naturelle » (1996, p. 13). L'analyse conversationnelle, en tant que théorie linguistique, prend en compte les différents items inférant une situation de communication. Pour ce qui est de « la vocation communicative du langage », le code oral est soumis à des contraintes particulières. Ainsi, « l'exercice de la parole implique normalement un allocataire, c'est-à-dire l'existence d'un destinataire physiquement distinct du locuteur » (*ibid.*, p. 4) et cet espace dialogique, qu'est la conversation, ne supporte pas le soliloque qui, s'il est prolongé, est admis « au théâtre, mais est généralement proscrit en société » (*ibid.*, p. 4). Cet auteur parle également de :

[…] conversation en face à face, [car] l'exercice de la parole implique une interaction, c'est-à-dire que tout au long du déroulement d'un échange communicatif quelconque, les différents participants que l'on dira donc des « interactants », exercent les uns sur les autres un réseau d'influences mutuelles – parler, c'est échanger et c'est changer en échangeant (*ibid.*, p. 4).

Je citerai également Hall qui a écrit de nombreux ouvrages consacrés à la communication interculturelle. Cet auteur a mis en relief, notamment, le fait que l'être humain à l'instar de l'animal observe « des distances uniformes dans les rapports qu'il entretient avec ses semblables » ; ces distances sont classées « en distance de fuite, distance critique et distances personnelles et sociales » (1971, p. 143). En règle générale, ce sont les distances personnelle et sociale qui sont actualisées lors d'interactions humaines. D'une part ces distances s'observent dans le champ d'une transaction de communication de type conversationnel et, d'autre part, elles font partie du matériel non verbal de la communication. Kerbrat-Orecchioni dit de la distance proxémique qu'elle est un régulateur des échanges. Elle précise ainsi que « durant la poursuite de l'échange, la condition proxémique de la 'bonne'distance doit être maintenue » (1996, p. 26).

En conséquence, et afin de mieux appréhender le système conversationnel édifié sur l'Internet, nous allons le comparer au cours des paragraphes suivants avec les caractéristiques de l'échange conversationnel repérées par les différents linguistes et théoriciens cités précédemment. J'ai choisi de procéder à l'analyse des items suivants :

- les acteurs impliqués dans un échange communicationnel, ainsi que leur nombre ;
- les distances symboliques actualisées sur l'Internet ;
- le type d'interaction engagé (symétrique ou non).

Ce choix n'est pas anodin, car en impliquant sujet (acteurs), contexte (distance) et nature (type d'interaction), il permettra de mieux circonscrire les pratiques sociales actualisées sur ce support médiatique.

Selon Kerbrat-Orecchioni, la conversation supporterait « un nombre relativement restreint de participants » (1996, p. 8). L'adverbe « relativement », utilisé par cet auteur, laisse supposer une certaine flexibilité quant au nombre de locuteurs impliqués dans l'acte conversationnel ; cependant le nombre d'interactants ne peut dépasser un seuil au-delà duquel la conversation deviendrait impossible à réaliser. Outre le facteur du nombre évoqué précédemment, l'acte communicationnel, qui implique au minimum un locuteur et un interlocuteur, est structuré autour de l'alternance des tours de parole. L'auteur précité souligne ainsi : « Pour qu'il y ait dialogue, il faut que soient mis en présence deux interlocuteurs, au moins, qui parlent 'à tour de rôle'. À un premier niveau d'analyse, toute interaction verbale se présente comme une succession de 'tours de parole', c'est-à-dire que les participants sont soumis à un système de droits et de devoirs » (1996, p. 28). Ce principe d'alternance oblige le premier locuteur à laisser la parole à un deuxième locuteur lequel lui rendra la parole ou la donnera à un troisième locuteur participant à cet acte de communication, et ainsi de suite, ce qui implique un équilibre entre les temps de parole impartis à chacun des participants. Toutefois, qu'en est-il sur le média Internet ?

Référer à l'espace de l'Internet, c'est prendre en compte une nouvelle donne en matière de nombre de participants impliqués dans l'échange conversationnel. En effet, la technologie numérique qui sous-tend cet objet médiatique, permet à un nombre illimité d'internautes de se connecter à tel ou tel salon de conversation. Certains salons peuvent afficher un grand nombre de participants, comme l'explicite Anis *in Parlez-vous texto ?* : « Chaque salle, placée sous l'autorité d'un responsable, est réservée à un sujet de conversation. Seul inconvénient : il arrive que plusieurs centaines d'internautes discutent en même temps sur le canal » et il ajoute : « Les conversations peuvent donc vite tourner à la cacophonie » (2001, p. 22). C'est dire, combien nous sommes loin du schéma conversationnel en cours dans la vie réelle et pour lequel ce type d'échange serait voué à l'échec.

Sur l'Internet, chaque usager est seul derrière sa machine et c'est l'ensemble de ces unités qui forme un groupe informel, composé par les participants de telle ou telle salle de bavardage. Par ailleurs, la perception que peut avoir l'internaute sur le nombre de locuteurs impliqués dans l'activité à laquelle il participe, est flouée ; afin de pallier le problème soulevé par le très grand nombre d'usagers connectés, en même temps, à la même salle de conversation, il a été mis en place des entretiens dits « privés » et exprimés par l'abréviation « PV ». Nous pouvons en découvrir dans les énoncés suivants avec une demande de PV en [197] et un refus à cette offre en [200] (Martin, 2005, annexe C, p. 562 et 563) :

- [197] <titeuf91 > une femme ou fille un p
- [200] <Camille___> rodolphe_no_pv re toi lol

En ce qui concerne les tours de parole, nous sommes ici dans le cas de figure où la structure numérique, qui sous-tend le média Internet, prend en charge la gestion de cet évènement.

Ainsi, les impulsions électriques[7] qui participent de la création des équations dites « booléennes », fonctionnent dans un ordre successif. Cet ordre est répercuté dans les couches supérieures des langages de programmation plus sophistiqués.

Avant d'aborder la séquence dans laquelle le message écrit apparaît sur l'écran, arrêtons-nous sur sa procédure de réalisation, décrite ainsi par Anis : « Pour entrer dans les salles de conversation, on se connecte à un serveur de conversation qui fournit une liste de canaux dans laquelle chacun sélectionne celui auquel il souhaite se joindre ». Évoquant les thématiques mises en place par tel ou tel canal et qui serviront d'objets fédérateurs autour desquels vont s'articuler les différents échanges entre locuteurs, cet auteur ajoute que : « tous les sujets, à toutes les heures du jour et de la nuit, avec des internautes connectés aux quatre coins du monde, existent sur le Net » (2001, p. 22).

Revenons, donc, à la procédure qui permet l'entrée de l'usager dans une salle de conversation. Après avoir choisi un salon et l'avoir rejoint, l'usager s'identifie grâce à un pseudonyme ; ce dernier relève du choix personnel du « locuteur/internaute ». Toujours devant son écran,

---

[7] Ces impulsions ont deux fonctionnements : soit elles entrent dans tel circuit X, soit elles en sortent. La traduction d'entrée sera considérée comme ayant la valeur vraie et s'écrira sous la forme 1, la traduction de sortie sera considérée comme ayant la valeur fausse et s'écrira sous la forme 0. Chaque porte dispose d'une ou plusieurs entrées logiques (signaux représentants 0 et 1) et donne comme résultat une fonction simple de ces entrées soit les connecteurs « ou », « et ». Une porte correspond à « des circuits doués de mémoire qui emmagasinent un état '0' ou '1' » (Zaks, 1981, p. 266).

l'internaute voit s'afficher une fenêtre, laquelle est divisée en trois blocs. Le bloc le plus important est celui dans lequel se succèdent les messages des internautes, au fur et à mesure qu'ils sont envoyés ; dans le deuxième bloc sont affichés les pseudonymes de chacun des participants ; le troisième bloc correspond à un espace dédié aux différents messages que l'internaute désire envoyer au groupe, ou à tel ou tel participant. La rédaction du message implique l'utilisation du clavier et c'est avec la touche « enter » que l'usager va valider son écrit et permettre son affichage à l'écran. Chaque usager a, donc, la possibilité de faire afficher à l'écran sa séquence conversationnelle.

Les tours de parole structurant le bon déroulement de l'acte conversationnel correspondent, sur le média Internet, aux messages envoyés par les internautes et affichés à l'écran. Comme je l'évoquais précédemment, ils sont intrinsèquement liés à la structure électronique de l'outil informatique. Dès lors, la combinaison et la succession des impulsions électriques qui sous-tendent le système, auront une répercussion directe sur le déroulement des messages : ils s'afficheront en ordre successif. C'est-à-dire que, dans ce cas de figure, le tour de parole ne correspond plus à ce que Kerbrat-Orecchioni signale comme objet participant « à un système de droits et de devoirs, [qui] a pour fondement le principe d'alternance, que les tenants de l'analyse conversationnelle résument par la formule ***ababab*** » (1996, p. 28 et 29). Cette formule correspond à trois temps du discours conversationnel :

- une fonction locutrice occupée successivement par différents acteurs ;
- la prise et la tenue de parole par un seul intervenant, le chevauchement de parole étant, en règle générale, stigmatisé par l'ensemble des participants ;
- des intervalles de silence réduits, autant que faire se peut.

Comme nous venons de le voir au cours de ce paragraphe, sur l'Internet, ces facteurs ne sont plus dépendants de la bonne socialisation des locuteurs en présence, mais bien de l'envoi de données numériques. Corrélativement aux fonctions présentées ci-dessus, la durée de l'échange est interdépendante du système informatique. Que l'internaute frappe deux lignes ou dix sur le clavier, la vitesse d'affichage à l'écran restera la même, car elle est simultanée à l'enfoncement de la touche « enter » du clavier. Les messages tapés et envoyés à l'écran sont pris en compte par la machine, au fur et à mesure de leur présentation, et l'internaute n'a aucun pouvoir quant à la préséance de tel ou tel message sur un autre.

1.2 Du réel au virtuel : les distances personnelle et sociale sur Internet

Lors du recensement présenté des différents types d'interactions verbales, la conversation a été repérée comme étant de nature informelle. Parallèlement à ce constat, ces actes de communication se caractérisent par des séquences verbales générées dans un registre familier de langue (Kerbrat-Orecchioni, 1996, p. 8). Au vu des différents corpus collationnés sur l'Internet (Martin, 2005, annexe C, p. 558), nous avons noté qu'en matière d'adressage, les internautes choisissent généralement le tutoiement, le vousoiement présentant certainement un aspect formel qui dérogerait « à la dimension ludique et transgressive » que nous trouvons sur ce média (Anis, 2001, p. 29). Ainsi, dans les énoncés tirés de ces corpus[8], le tutoiement est utilisé aussi bien par les internautes qui semblent déjà s'être « rencontrés » sur le Net que par ceux qui initialisent une relation.

- [1] <goga > ze tavais po vu !!!!!!!!!!!!!!!!!!!!!!!
- [4] <torok > tu feras des bisous a kakoo TOON_S26
- [8] <TOON_S26 > je t'ai uv parlé avec elle hier torok c'es pour ça que je te connais
- [12] <papaye > t'es d'ou

Dans l'énoncé [1], la séquence « ze tavais po vu !!!!!!!!!!!!!!!!!!!!!!! » indique que l'internaute goga a déjà « vu » son interlocuteur et dès lors que le tutoiement peut être considéré comme requis lors d'une deuxième rencontre. Ce cas de figure fait partie des possibilités de réponse à un certain type d'échange dans la vie réelle. Pour ce qui est des énoncés [4] et [8], les interactants ont déjà initialisé des relations d'échange avec un ou plusieurs interlocuteurs privilégiés. En effet, l'énoncé [4] évoque un usager dénommé kakoo et connus des internautes nommés respectivement torok et TOON_S26[9], le premier transmettant au second la requête d'ordre : « tu feras » ; cette dernière est toutefois modalisée par l'emploi du tutoiement et de la formule hypocoristique « bisous ». Dans l'énoncé [8], on note que les relations semblent vite se mettre en place : ainsi l'internaute TOON_S26 a « vu » torok parler avec kakoo et il précise :

---

[8] J'ai gardé la forme orthographique originelle pour tous les enregistrements des corpus présentés dans cet ouvrage.

[9] Le pseudonyme peut revêtir des formes très diverses, mais l'espace n'est pas considéré comme un caractère. Il correspond au passage d'un énoncé à l'autre.

« c'es pour ça que je te connais ». Par contre, la séquence d'interpellation de l'énoncé [12], avec la mise en place de l'adverbe de lieu « où », lequel fait également fonction de déictique, montre que l'internaute papaye est en train de mettre en place une relation avec un des usagers de la salle de conversation.

Le tutoiement comme le vousoiement sont les marqueurs langagiers de ce que Hall appelle la proxémie. C'est à travers les analyses qu'il a effectuées sur différents groupes ethniques et sociaux que ce chercheur démontre que la perception de la distance chez l'homme « est dynamique parce qu'elle est liée à l'action » (1971, p. 145). Par ailleurs, cet auteur met en relief le fait que « la constance des distances chez l'homme est le résultat des modifications sensorielles » (*ibid.* p. 143) et que « le type d'activité et de rapports propres à chaque distance » est associé « à des catégories spécifiques de relations et d'activités » (*ibid.* p. 144). Ces distances sont répertoriées ainsi : distance intime (de contact direct à ~ 0,45 m), distance personnelle (de 0,45 m à 1,25 m), distance sociale (de 1,25 m à 3,60 m), et enfin distance publique (de 3,60 m et au-delà).

D'une manière générale, l'usage en français des pronoms d'adresse marque la distance affective. Kerbrat-Orecchioni, citant ces marqueurs verbaux, les situe ainsi : « tu/tu pour la familiarité, vous/vous pour la distance » (1996, p. 47). Cependant, l'usage du tutoiement et du vousoiement n'est pas toujours corrélé aux distances proxémiques définies par Hall. Ainsi, dans le cas de figure où un automobiliste irascible insulte un autre usager de la route en utilisant le tutoiement, la distance entre les deux protagonistes correspond, en fait, au mode « distance publique » (< 3,60 m). Cependant, qu'en est-il de la notion de distance proxémique sur le média Internet, et de son interférence dans l'usage du tutoiement ?

Dans l'espace numérique qu'est l'Internet, les distances physiques actualisées par les internautes sont uniquement celles qui les relient à l'ordinateur, et plus spécifiquement au clavier et à l'écran. Si nous faisons une comparaison de ces deux outils avec les organes sollicités lors d'une interaction verbale de la vie ordinaire, nous constatons que les tours de parole leur seraient associés. Selon Kerbrat-Orecchioni : « Pour qu'il y ait échange communicatif, il ne suffit pas que deux locuteurs (ou plus) parlent alternativement ; encore faut-il qu'ils se parlent, c'est-à-dire qu'ils soient tous deux 'engagés'dans l'échange » (1996, p. 4). Précisément, qu'il soit, à tour de rôle, émetteur ou récepteur, l'internaute mettra en place une interaction verbale en utilisant le clavier, ce qui correspond à la prise de parole lors d'un échange langagier ; quant au message affiché à l'écran, il fera office de réponse au premier tour de parole. Or, nous sommes loin du constat de cet auteur qui, évoquant la communication orale, la caractérise comme « multicanale et plurisémiotique » (1996, p. 27). En effet, les seuls organes sollicités dans le cadre des échanges communicationnels sur l'Internet, sont la vue pour la lecture à l'écran et la rédaction du message sur le clavier, et le toucher lors du contact des phalanges sur les touches.

Ainsi, ce que Hall nomme « le dynamisme de l'espace » et qu'il définit comme « une série de champs à extension constamment variable [qui] fournissent [à l'homme] des informations de toutes sortes » (1971, p. 145), est totalement oblitéré de l'espace Internet ; cet effacement touche également les attitudes de l'émetteur et du récepteur que Kerbrat-Orecchioni a répertorié. Parlant de l'émetteur, elle dit ainsi : « Il doit signaler qu'il parle à quelqu'un par l'orientation de son corps, la direction de son regard, ou la production de formes d'adresse » (1996, p. 5). Pour ce qui est du récepteur, elle ajoute : « Il doit lui aussi produire certains signaux, visant à confirmer au locuteur qu'il est bien 'branché' sur le circuit communicatif » (*ibid.* p. 5).

Tous ces développements nous permettent de conclure :

- à une absence de toute manifestation kinésique ;
- à un dialogue qui s'engagerait sur la base d'un soliloque ;
- à la création d'une distance proxémique unique et commune à tous les internautes, à savoir l'espace qui les sépare de l'outil informatique.

Finalement, en référant, d'une part aux travaux de Hall sur le concept de distance proxémique et des attitudes sociales qui lui sont corrélées et, d'autre part, aux recherches menées par Kerbrat-Orecchioni sur l'analyse conversationnelle, nous pourrions poser l'hypothèse suivante : les différents paramètres repérés ci-dessus, lors de la prise de contact et de son maintien par « l'internaute-locuteur » sur l'Internet, seraient à l'origine de l'actualisation du tutoiement et de l'utilisation d'un registre familier de langue.

1.3 Sur le média Internet : des interactions de type symétrique

Comme nous venons de le voir, les échanges communicationnels entre internautes sont sous-tendus par l'utilisation du tutoiement et d'un registre familier de langue ; d'autres paramètres définissent également le procès de l'objet conversationnel pris dans un contexte plus général. Kerbrat-Orecchioni a dénommé « interaction de type symétrique » des modes opératoires qui permettent de distinguer un acte de langage construit lors d'une conversation informelle, d'un acte de langage mis en place au cours de situations formelles : consultation médicale, entretien d'embauche, etc. Et s'agissant de conversations impliquant deux ou plusieurs personnes face à face dans la vie réelle, l'échange ne fonctionne que parce qu'ils sont engagés précisément dans l'échange. Cet engagement va se traduire par, ce que Kerbrat-Orecchioni nomme, des « procédés de validation interlocutoire » (1996, p. 4), lesquels recouvrent les salutations d'ouverture et de fermeture du dialogue. En ce qui concerne l'émetteur, nous assisterons à la production de procédés phatiques comme la reformulation, les variations de l'intensité vocale, etc., destinés à maintenir l'attention du récepteur. Quant à ce dernier, il va utiliser les régulateurs à travers un langage non verbal et paraverbal : changements de posture, mimiques, et du matériel verbal : production de phatèmes comme : « hmm » ou de segments verbaux plus explicites tels que : « oui », « d'accord ».

En revanche, les interactions engagées sur le Web se caractérisent par une relation de type « pair à pair », au sein de laquelle chacun est tenu aux mêmes règles. Bien qu'il s'agisse d'actes de langage échangés entre locuteurs, les conditions de cette interaction diffèrent grandement d'une conversation réalisée dans la vie réelle. Chacun des interactants est bien partie intégrante de l'échange, mais *in absentia*. Ce mode de fonctionnement va inférer, de la part des participants, des comportements que je nommerai « comportement compensatoire », car certains procédés de validation interlocutoire, notamment ceux qui appartiennent au langage de type paraverbal et non verbal, vont disparaître au profit d'autres qui seront utilisés de façon hyperbolique.

Nous allons reprendre chacun des items de la procédure conversationnelle et en analyser le mode opératoire à travers l'analyse de corpus provenant de divers salons de conversation :

http://perso.wanadoo.fr/site2530ans/, http://chat.voila.fr/#!40-50ans, #! + 50ans, #! Ile-de-France[10]

Il est important de noter que les salutations font partie des praxis initialisées sur l'Internet ; un manquement à ces pratiques sociales, que ce soit lors de l'entrée ou de la sortie de l'internaute, est vivement sanctionné par l'usager ou l'ensemble des usagers de ce média, comme nous pouvons le constater dans l'énoncé suivant :

- [226] <Leslie_92 > Vs SaVé Pa DiR bOnJoUr Ou quoi ??????????

Lors du découpage des différents corpus en énoncés, nous avons noté que chacun des internautes entrant ou sortant de l'espace conversationnel, met en place un segment liminaire d'ouverture et de clôture d'énoncé. Ces segments correspondent à des locutions figées actualisant des formulations de politesse. Cette mise en place semble presque systématique : sur un corpus de 242 énoncés, les entrées et les sorties de l'espace conversationnel sont toujours précédées de formules de politesse. Lors de la séquence de clôture de l'interaction, certains internautes vont jusqu'à utiliser une redondance en matière de segments liminaires. Ainsi, dans les deux énoncés suivants, le locuteur prend congé du groupe une première fois avec l'utilisation de syntagmes pronominal et verbal : le pronom personnel « je »

[10] *Cf.* Martin, 2005, annexe C, p. 558.

et le verbe « filer » à la première personne du singulier de l'indicatif présent (énoncé [34]). Cet énoncé se présente, à la fois, comme un segment de clôture et comme un modérateur qui annonce la prise de congé de l'internaute. Cette dernière est réitérée, après 4 interactions provenant d'autres internautes, dans l'énoncé [39], avec ce message de clôture : « byeeeeeeeeeee ».

- [34] <Mesange_bleue > je fileeeee
- [39] <Mesange_bleue > byeeeeeeeeeee

L'analyse des séquences conversationnelles suivantes montre qu'il peut y avoir un adressage « multiparticipants » :

- énoncé [3] : « bjr à ts et ttes » ;
- énoncé [17] : « slt tout le monde » ;
- énoncé [41] : « bonsoir a tout le monde ».

En revanche, l'internaute, énoncé [27], ne salue qu'un seul sujet nommé « nanad ». Par ailleurs, en réponse à la salutation, énoncé [41], deux internautes, énoncé [48] et énoncé [51], y répondent : « slt lagon_bleu » et « slt Lagon Bleu ». À travers cette succession d'énoncés, nous voyons se mettre en place plusieurs cas de figure en ce qui concerne la configuration des relations entre interactants.

- dans le premier cas, l'internaute à son arrivée salue le groupe et certains membres de celui-ci lui répondent :

    - [3] <tintin_81 > bjr à ts et ttes
    - [17] <nenad > slt tout le monde
    - [41] <lagon_bleu > bonsoir a tout le monde

- le second cas de figure présente une relation duelle ou plurielle d'un locuteur entrant, qui utilise un message d'adresse à des sujets identifiés comme des interlocuteurs ratifiés[11]. Ces cas sont présentés dans les énoncés ci-dessous :

    - [27] <steph02 > slt nenad
    - [48] <tintin_81 > slt lagon_bleu
    - [51] <malpertis > slt Lagon Bleu
    - [114] <bijou777 > Alphie bisouss
    - [115] <une_femme_du_13 > bonsoir le_roi_lucky
    - [128] <aline777 > bisou BeAuLiOn
    - [129] <BeAuLiOn > bonsoir et bisous kricri

- dans le troisième cas de figure, il n'y a pas de réponse, de la part du groupe, à l'arrivant : cette attitude est d'ailleurs dénoncée par l'internaute cité dans l'énoncé [226], page 34.

Contrairement à ce qui existe dans la vie réelle, tous les groupes qui se constituent sur l'Internet sont de type informel. Cependant, les différents serveurs qui offrent leurs salons de discussion aux internautes, proposent un thème autour duquel le groupe va se fédérer. D'une part ces thématiques diversifiées rassemblent des internautes venant d'horizons divers et, d'autre part, elles correspondent à des structures déjà repérées et connues dans la société réelle. En

---

[11] Kerbrat-Orecchioni distingue plusieurs sortes de récepteurs : les participants ratifiés qui sont partie prenante du groupe conversationnel, les simples spectateurs, les spectateurs en surplus et enfin les épieurs. Ces différentes catégories ne semblent pas avoir cours sur le média Internet du moins dans leur aspect formel (1996, p. 17).

effet, les salles de conversation dévolues à ces échanges communicationnels, sont structurées autour de centres d'intérêt comme, par exemple, les classes d'âge ou les régions. Ainsi, les salons de conversation, qui ont servi au collationnement des corpus, proposaient aux internautes différents thèmes articulés autour des loisirs (sortie), de l'argent, des classes d'âge (senior) et enfin des régions (Île de France)[12]. Les en-têtes des salons, présentés ci-dessous, exemplifient ainsi mon propos :

- Soirée samedi 7/2 à Paris : rubrique sortie ;
- °~`~*¤§ *ƒ* Si tu gagnes de l'argent à parler, tu gagnes de l'or à te taire. *ƒ*§ ¤*~`~° ;
- **Excellent week-end @ tous sur le salon senior ** ☺ ;
- ¡ Bienvenida en el canal d'Ile-de-France ! Respectez les régles, et bon t'chat ☺.

Cette structure numérique permet à un nombre important d'internautes de se connecter au même moment et dans telle ou telle salle, ce qui laisse augurer que certains usagers auraient quelques difficultés à se faire « entendre » de leurs pairs. Toutefois, les messages rédigés étant présentés à l'ensemble des locuteurs, de manière linéaire et non simultanée, chaque intervenant peut être lu par l'ensemble des internautes connectés à la salle. Afin de se démarquer de leurs pairs, nombre d'internautes utilisent des stratégies dont l'objectif est de générer un effet perlocutoire sur leurs interlocuteurs. À ces fins, ils vont utiliser les outils du clavier, que ce soit les tailles de police, les couleurs, les types de caractère (Arial, Times New Roman, etc.), ainsi que des marques graphiques comme la rédaction en caractère gras, italique ou italique gras. Par ailleurs, le pseudonyme, porteur

---

[12] *Cf.* Martin, 2005, annexe C, p. 558.

d'indice, interpellera tel ou tel internaute de manière favorable ou défavorable.

CHAPITRE II

L'ÉCRITURE, ENTRE MÉMOIRE CULTURELLE ET OUTIL DE COMMUNICATION

Dans les paragraphes qui vont suivre, il sera abordé deux volets du continent « écriture » : d'une part l'écriture vue comme une extérioralité du code oral, avec en corollaire la communication écrite appréhendée d'un point de vue synchronique et le fait scripturaire considéré à travers le média Internet et, d'autre part, les particularités de ce nouveau langage numérique tant au niveau de l'autopoïèse[13] que de la praticité. Je procéderai à ces analyses à partir de la compilation de corpus représentatifs.

2.1 Le fait scripturaire, une extérioralité du code oral

Le champ de l'écriture semble correspondre à une manière d'élargissement du champ de la parole, tant au niveau spatial que temporel ; il a des acceptions différentes suivant les auteurs. Ainsi, Boulanger en fait la présentation suivante :

> Au moyen de sons en nombre limité et des gestes possibles, l'homme a forgé la parole organisée et pourvue de sens. La parole prend sa source à l'intérieur du corps, elle se forme dans le cerveau et se matérialise grâce à l'action d'un ensemble d'organes. [...] Elle va du dedans vers le dehors [...] L'écriture projette littéralement la parole hors du corps, elle la rend pour ainsi dire muette, mais aussi elle la rend visible et permanente en l'immobilisant dans la matière qui lui sert de support. Au-delà de l'immobilisation du langage, l'écriture devient un second moyen d'expression, d'ordre spatial celui-là (2003, p. 51 et 52).

---

[13] « Le terme d'autopoïèse vient de deux mots grecs 'auto' et 'poïesis', qui signifient respectivement 'soi-même' et 'production' ; il connote donc un objet qui a la faculté de se créer lui-même, de maintenir sa propre structure et de se régénérer. L'autopoïèse caractérise donc toute unité constituée par une organisation de parties plus ou moins constante malgré les changements qui peuvent intervenir dans l'environnement » (Sousa, http://www.chass.utoronto.ca/~sousa/vie.HTML).

En revanche, pour Hagège le concept d'écriture a plusieurs acceptions :

On peut y inclure, par exemple, les mythogrammes rupestres du paléolithique supérieur, montrant des scènes de chasse. [...] L'espèce commençait alors à disposer d'un moyen durable de fixer les paroles et de retenir la connaissance de notre histoire au bord du gouffre où la mémoire collective, même à travers des transmissions orales millénaires, ne peut plus toujours suffire à conjuguer son engloutissement (1985, p. 94).

Enfin, pour Leroi-Gourhan, l'histoire de l'écriture commence avec les tracés et les graphismes de la fin de la période moustérienne, vers 50 000 av. J.-C., puis elle se propage aux alentours de 30 000 av. J.-C. Il s'agit de tracés susceptibles d'interprétation et qui auraient servi de support mnémotechnique. C'est sur les parois de grottes que les archéologues ont découvert les premières manifestations graphiques datant de 20 000 ans avant notre ère et qui nous sont parvenues intactes. Cet auteur précise ainsi :

La technicité à deux pôles de nombreux vertébrés aboutissait chez Anthropiens[14] à la formation de deux couples fonctionnels (main-outil et face-langage), [car] l'émergence du symbole graphique à la fin du règne des Paléanthropes suppose l'établissement de rapports nouveaux entre les deux pôles opératoires. [...] Dans ces nouveaux rapports, la vision tient la place prédominante dans les couples face-lecture et main-graphie (1964, p. 262).

[14] Ce chercheur précise : « L'anthropomorphisme en effet constitue une formule distincte de celle des singes, attestée par la seule famille anthropienne. [...] Sa caractéristique fondamentale réside dans l'adaptation de la charpente corporelle à la démarche en bipédie » (1964, p. 90).

Par ailleurs, Boulanger spécifie :

Cette protoécriture consistait en incisions (traits, points, cannelures, bâtonnets, etc.) régulièrement espacées et pratiquées dans la pierre ou dans l'os. Ces entailles avaient sans doute rapport à des valeurs référentielles classées en séries et représentaient des moyens mnémotechniques (2003, p. 37).

Si nombre de linguistes ont valorisé la primauté du code oral sur le code écrit et considéré l'écriture comme une manière d'extérioralité de celui-ci, il n'en reste pas moins que « le continent écriture a offert à la linguistique les voies d'accès à la compréhension du devenir des langues, de la considération des langues nationales, de la diffusion culturelle de ces langues, à une prise sur les questions de l'histoire, de la littérature, de la politique, des différences sociales » *in Langue française* (Chiss, Puech, 128, p. 7). Les premiers logogrammes signifiés par l'homme représentaient les objets du monde ; les archéologues en ont trouvé de nombreux exemples sur les parois des grottes de Lascaux [France]. Néanmoins cette représentation n'atteste rien sur l'intentionnalité qui a présidé à la mise en forme de ces messages picturaux. Le langage servirait deux causes, celle de l'adaptation de l'espèce humaine à son milieu et celle du projet qui préside à la création, puis à la transmission d'un message, c'est-à-dire que « les uns sont des processus d'action sur le milieu à modalités physiques et visent à des transformations du même ordre. Les autres sont des moyens de communication et aboutissent à modifier le comportement d'autres individus vivants » (Corraze, 1980, p. 38 et 39).

Pour définir telle intentionnalité présidant à la transmission d'un message, encore faut-il pouvoir déchiffrer son code, en l'occurrence le protolangage évoqué ci-dessus et ses logogrammes. Du langage oral de cette période de l'*homo erectus*, il ne reste aucune trace. Or, c'est bien grâce à l'étude du code écrit que certains chercheurs ont pu reconstituer tout ou partie d'une langue, que ce soit à travers l'étude des phonogrammes, des épigrammes ou encore de la syntaxe. Champollion le Jeune a ainsi déchiffré un cartouche[15] sur la Pierre de Rosette, trouvée en 1799 lors de fouilles archéologiques, grâce à sa connaissance du copte (grec ancien). À partir de ce déchiffrage, il a pu procéder à une analyse complète de la formation des hiéroglyphes et de la syntaxe particulière qui régissait cette langue. Il en a proposé une approche exhaustive avec la publication, en 1824, du *Précis du système hiéroglyphique des anciens Égyptiens*. Il semble donc que dans le cas de certaines langues, la compréhension du code oral – le copte dans l'exemple présenté ci-dessus – puisse initialiser le déchiffrement du code écrit.

Pour l'heure, nous allons nous intéresser à la représentation graphique du code oral, c'est-à-dire l'écriture. Au cours des millénaires qui suivirent les premières manifestations graphiques, certains éléments de dessins deviennent des pictogrammes pouvant se juxtaposer pour développer des récits approximatifs. Cet art pariétal pourrait être considéré comme l'initiateur des systèmes de graphies tel que le futur alphabet latin, les idéogrammes chinois ou japonais, ou encore toute autre forme d'écriture. Ces logogrammes, s'ils tentent de signifier, n'en restent pas moins mystérieux ; il

15 « Encadrement elliptique entourant certains hiéroglyphes (noms de pharaons, etc.) » (Le Robert pour tous, 1994, p. 159).

nous manque, à ce niveau, une grille de lecture : représentent-ils des scènes de chasse, un éventuel décomptage de gibiers, la représentation du monde réel vu par le pictographe ? Autant d'interrogations qui ne peuvent, en l'état actuel des connaissances archéologiques, trouver de réponses. Néanmoins, nous pouvons penser que ces codes sont de type analogique, car les objets représentés sont des objets du monde (aurochs, buffles, etc.), mais cette constatation ne nous instruit guère, ni sur les rapports que l'espèce humaine vivant à cette époque pouvait entretenir avec lesdits objets du monde, ni sur ceux mis en place dans leurs relations avec leurs semblables. Nous ignorons également comment étaient structurés les différents groupes et quelles étaient la, ou les langues existantes. Cependant, je partage le point de vue de Boulanger qui souligne ainsi : « Tous les types de support d'écriture et de dessins s'apparentent à des livres de mémoire servant à emmagasiner les connaissances d'abord concrètes, puis symboliques et abstraites » (2003, p. 37). Néanmoins, l'archivage des seules connaissances sur différents types de supports labiles ou pérennes, ne me semble pas recouvrir la seule fonction du champ « écriture ».

J'évoquais la mise en extérioralité du code oral par le biais du support écrit. Cette procédure ne nous renvoie-t-elle pas au concept de territoire ? Ce dernier n'est-il pas corrélé à la notion de proxémie ? En effet, si la parole a pris le pas sur le système gestuel, c'est parce que « ce dernier caractère n'est pas exploitable en permanence » (Hagège, 1985, p. 23), mais aussi parce que le système oral recouvre aussi ce qui est de l'ordre du territoire. Ainsi que le souligne Corraze : « C'est par l'émission de sons que beaucoup de territoires sont signalés » (1980, p. 194). Bien que le concept de territoire soit généralement corrélé à l'occupation physique de tel ou tel espace matériel, il n'en reste pas moins qu'il peut être étendu à d'autres domaines comme les espaces olfactifs ou sonores, par exemple.

Cette extension du langage oral au code écrit correspond, selon moi, à un élargissement du territoire individuel et groupal. J'illustrerai cette notion de territoire linguistique étendu au code écrit avec la réflexion de Bourdieu qui souligne, en évoquant « [...] le champ littéraire et la lutte pour l'autorité linguistique », que « la langue légitime n'enferme pas plus en elle-même le pouvoir d'assurer sa propre perpétuation dans le temps qu'elle ne détient le pouvoir de définir son extension dans l'espace » (2001, p. 88).

Par ailleurs, Hall spécifie que : « Le téléphone, la télévision et les émetteurs portatifs ont allongé la distance sociale de l'homme, permettant d'intégrer les activités de groupes très éloignés. L'extension de la distance sociale transforme aujourd'hui la structure des institutions sociales et politiques » (1971, p. 29). J'ajouterai, pour ma part, que l'extension d'un territoire linguistique tel que l'anglo-américain, à travers des champs sémantiques comme ceux dédiés au domaine de l'informatique ou de l'Internet, illustre ce phénomène d'extérioralité du code écrit dans sa dimension proxémique. Finalement, ce processus en cours peut être considéré comme un élargissement de type translinguistique. Enfin, pour apporter quelques réponses à cette problématique, le prochain paragraphe fera l'objet d'un questionnement sur la manière dont cette avancée linguistique se positionne au niveau du langage en usage sur l'Internet.

2.2 Le jargon de l'internaute

Référer au langage en usage sur l'Internet, c'est faire appel à une structure hybride qui, d'une part prend en compte le support écrit pour exprimer un message et, d'autre part, fait largement appel aux expressions utilisées à l'oral dans les tournures « lexico-syntaxico-sémantiques ». Car, selon Anis : « Nous voulons aujourd'hui communiquer vite, loin, vrai. Au-delà des informations techniques, scientifiques ou utilitaires doivent aussi passer le vécu, les émotions, les sentiments » (2001, p. 7). Et cet auteur souligne ainsi :

> [...] Comment le faire, quand le message tapé, codé, décodé et lu à l'écran ne contient aucune trace de la personne : la chaleur de la voix, l'originalité de la calligraphie, le parfum de l'être aimé, le clignement de l'œil ou le sourire qui nuancent une phrase un peu brutale ? Comment s'exprimer librement, spontanément, répondre du tac au tac, avec l'écrit appris à l'école, en respectant les règles subtiles de notre grammaire et en évitant les pièges de notre orthographe ? (*ibid.* p. 7 et 8).

Ce linguiste considère ce langage spécifique au web comme un langage qui recouvre « les procédés d'écriture, les symboles et les codes en usage sur les réseaux » (2001, p. 7). Proulx mentionne, quant à lui :

> Au-delà des effets de mode et de publicité, la diffusion d'Internet apparaît sociologiquement importante. Le rythme de pénétration de cette innovation dans le tissu social est exceptionnellement rapide si on le compare aux vagues antérieures liées à l'émergence d'autres inventions comme le téléphone, la radio ou la télévision. [...] Ce qui paraît original, avec Internet, c'est qu'il provoque l'émergence d'éléments de transformation qui ne concernent pas seulement la communication humaine ou la transmission de l'information. [...] La mise en réseaux des ressources humaines et

matérielles constitue un catalyseur de changements dans l'organisation (2004, p. 54 et 55).

Interrogeons-nous donc sur ce que véhicule cette notion de réseau ? Le dictionnaire nous donne plusieurs acceptions de ce terme. Nous n'en retiendrons que la suivante, c'est-à-dire le réseau pris en tant que : « répartition des éléments d'une organisation en différents points » (*Le Robert pour tous*, 1995, p. 974) avec, comme exemple, le réseau commercial. L'autre acception, qui touche plus directement l'objet de notre étude, donne de ce terme la signification suivante : « Ensemble d'ordinateurs connectés entre eux pour échanger des informations » (*ibid.*, p. 974). Ces deux définitions semblent s'appliquer tout à fait au média Internet. En effet, dans la présentation d'une brève histoire des débuts de l'Internet, Proulx, souligne :

> Pendant les années 1980, plusieurs nouveaux réseaux apparaissent. À côté du réseau propre à la NASA et de celui du Ministère de l'Energie, qui était déjà là, on crée le réseau Bitnet pour la distribution du courrier électronique en 1981. La même année, la National Science Foundation (NSF) établit son propre réseau, le NSFNet, qui, au fil des ans, en raison de ses importantes capacités de transmission, réussira à relier l'ensemble de la communauté scientifique américaine et, finalement toute la communauté scientifique internationale au moyen d'une passerelle avec le réseau universitaire européen (EARN). À partir de 1985, la plupart des réseaux propres aux communautés scientifiques des différents pays se connectent progressivement au NSFNet. C'est ensuite le World Wide Web qui transformera complètement, surtout à partir de 1995, la dynamique du développement d'Internet (2004, p. 22 et 23).

L'Internet correspond, donc, à ces deux acceptions dictionnairiques données pour le terme réseau. D'une part les éléments de son organisation sont bien répartis en différents points pour ce qui est de ses agents (internautes, informaticiens, etc.) et, d'autre part, il s'agit également de l'interconnexion d'ordinateurs entre eux. Par ailleurs, les réseaux, quels qu'ils soient, n'ont-ils pas leur propre jargon, leur propre culture ? Or l'Internet, dénommé « le réseau des réseaux », semble, lui non plus, ne pas échapper à cette spécificité.

Afin d'appréhender de manière plus pointue le nouveau langage émergeant sur l'Internet, nous référerons à deux corpus. Le premier corpus prend en compte une compilation d'expressions relevées dans trois petits opuscules intitulés : *Dico SMS*, et édités par le groupe Michel Lafon pour le compte de la société Bouygues Télécom ; ces petits livres présentent un relevé taxinomique de la plupart des termes et expressions utilisées dans le cadre de l'envoi de SMS, acronyme de l'expression anglaise « Short Message Service ». Le choix de ces corpus n'est pas anodin, car c'est ce même langage, dédié aux utilisateurs des téléphones cellulaires, qui est en usage sur l'Internet. Dans leur première partie, ces ouvrages répertorient les pictogrammes électroniques de base ainsi que des séries beaucoup plus élaborées ; la deuxième partie regroupe, sous la rubrique « abréviations », différentes locutions et acronymes. Cette rubrique subsume tant les abréviations elles-mêmes ou acronymes, soit un « sigle prononcé comme un mot ordinaire » (Dubois, 2001, p. 13), que des énoncés dont la structure morpho-syntaxique est proche du procédé de l'écriture rapide et enfin, des rébus. Le deuxième corpus est extrait d'un ouvrage du chercheur Anis. Ce dernier présente une compilation des différents termes et locutions en usage sur l'Internet (2001, p. 107 et suiv.). D'un corpus à l'autre certaines séquences sont redondantes, mais d'autres sont tout à fait nouvelles. Ce choix de deux corpus, provenant de deux sources différentes, avait pour but d'apporter deux points de vue différents sur cet objet, le langage sur l'Internet. En effet, dans le premier cas de figure, il s'agit d'une société commerciale qui a répertorié une terminologie dans le but d'inciter des consommateurs potentiels à se fournir en téléphone portable ; dans le second cas de figure, c'est une démarche de type linguistique qui a initialisé la compilation des termes et expressions utilisés dans le cadre de ce nouveau langage.

Ces corpus ont été choisis parce qu'ils me paraissaient représentatifs du nouveau langage de l'Internet, car ils rassemblent un certain nombre de termes et expressions en usage sur ce réseau. Nous trouvons des graphies phonétisantes comme, par exemple, l'écrasement phonétique de la locution « chais pas » pour « je ne sais pas », l'apocope comme « pseudo » pour « pseudonyme » ou encore l'aphérèse comme « zic » pour « musique ».

Ainsi, il m'a paru plus pertinent de choisir des compilations de ce « parler vite, parler clair » sur l'Internet (Anis, 2001, p. 46) que de procéder à un relevé des séquences discursives émises lors des échanges communicationnels dans les salons de conversation. Il eût fallu un nombre important d'énoncés pour justifier de la pertinence, ou de la non-pertinence, de telle ou telle occurrence. Ces opuscules légitiment, en quelque sorte, la terminologie en usage sur la Toile. Les ouvrages dans lesquels ces différentes compilations ont été relevées, tiennent à la fois du dictionnaire simple, du dictionnaire bilingue et du manuel pratique de langue.

Le dictionnaire simple est ainsi défini par Boulanger :

Le terme dictionnaire désigne de nos jours toutes sortes de livres destinés à recueillir un savoir fonctionnel sur les mots, connaissances qui sont ordonnées suivant certains principes linguistiques. [Il] désigne également des répertoires de termes renfermant un savoir conceptuel organisé onomasiologiquement et des recueils de signes-choses ou de signes-noms propres qui informent sur les référents ou sur les êtres (2003, p. 18).

Le dictionnaire bilingue, quant à lui, présente deux entrées lexicales, une pour chaque langue, car comme l'explicite Hagège : « la traduction implique deux messages équivalents dans deux codes différents » (2003, p. 80). Quand nous évoquons le manuel usuel de langue, nous pensons à un ouvrage présentant certaines tournures utilisées couramment par le locuteur natif et qui permettent, à un locuteur non natif, de pouvoir communiquer avec ses interlocuteurs.

Si le corpus présenté par Anis (2001, p. 107 et suiv.), mentionne des entrées par ordre alphabétique, celui extrait du *Dico SMS* en trois volumes, n'a suivi aucun ordre dictionnairique. Seule la dénomination qui lui est attribuée, c'est-à-dire *Dico SMS*, lui donne cette mention de « quasi-qualité » dictionnairique. Dans l'introduction à ces ouvrages, le ou les auteurs, dont le ou les noms ne sont pas mentionnés, présentent ainsi ces opuscules :

Voici un petit dico formidable qui vous permet d'envoyer des SMS (télé messages) sur votre téléphone portable. Un outil indispensable afin de communiquer rapidement et discrètement entre initiés, de façon ludique et imaginative. Le *dico SMS* vous propose des centaines de pictogrammes (ou « pictos ») mais aussi de nombreuses abréviations. […] Les abréviations sont des phrases contractées qui ne contiennent que des chiffres et des lettres [...] Communiquez vite : c'est pratique... Et souvent drôle (2001).

Dans ces ouvrages, les entrées recouvrent différents champs sémantiques. Ces derniers subsument des termes ou expressions collationnées sur l'Internet. Par exemple, nous trouvons une entrée désignée par « mots doux » et qui présente une série de pictogrammes à contenu connoté affectivement. Le champ « abréviations » recouvre, quant à lui, le corpus qui fait l'objet de notre étude. Dans ce livret, aucun ordre, qu'il soit alphabétique ou sémantique, n'est mis en place. J'ai donc repris l'ensemble des énoncés que j'ai réorganisé par ordre alphabétique.

Ceci posé, nous tenterons de comprendre à quoi correspond cette structure langagière : que garde-t-elle de l'écrit ? Qu'a-t-elle pris de l'oral ? Nous évoquions l'émergence d'un nouveau code langagier : à quel principe, en matière de création linguistique, réfère-t-il ?

Au cours du présent chapitre, nous avons abordé le champ « écriture » d'un point de vue diachronique, ainsi le protolangage correspond-il, selon certains chercheurs comme Hagège déjà cité (1985, p. 94), à une intentionnalité de mise en mémoire des objets du monde. L'association pictogramme et phonogramme a, parfois, fait sens à travers le rébus comme le souligne Ouaknin :

Dans le phonogramme l'image existe encore, mais le signe ne renvoie plus à l'image. Soit l'image-pictogramme du pied qui se prononce « du »[16]. Il ne renvoie maintenant qu'au son « du » et l'idée du pied est complètement effacée. Tout fonctionne comme dans nos rébus [...] où l'image d'un geai suivie de celle d'un pin n'a rien à voir avec ce volatile et ce résineux, mais doit se lire « j'ai peint » (1997, p. 85).

D'autres langues sont signifiées à travers une architecture dont « l'ordre des lettres peut être reconstitué et nous donne un alphabet consonantique » comme l'écriture protosinaïtique (Ouaknin, p. 43). Car, selon Anis : « les consonnes contribuent plus à la reconnaissance des mots que les voyelles » (2001, p. 37).

2.3 Une approche structurelle de ce nouveau langage

Afin de faciliter la lecture de cette présente étude, je poserai comme préalables : le premier corpus sera dénommé « corpus 1 » et le second corpus, « corpus 2 ». Ils seront répartis dans les tableaux synoptiques 1 et 2 situés respectivement en page 54 et 60 ; ils ont été divisés en six colonnes. Dans une colonne sur deux, figure le relevé taxinomique des occurrences étudiées avec en regard, dans la colonne suivante, ces corpus traduits en langue française. En effet, et en relation avec les locutions relevées sur Internet, j'ai pu noter qu'ils référaient à différents modes scripturaires. Ainsi, le repérage et l'analyse des séquences discursives montrent qu'elles adoptent :

- la forme du rébus avec l'utilisation de logogrammes tels que les chiffres et l'arobase ; ces caractères forment le support phonétique de l'objet écrit et de sa version orale ;

[16] *Cf.* également, pour l'écriture sumérienne, André-Salvini dans le catalogue de l'exposition L'aventure des écritures : naissances (http://classes.bnf.fr/dossiecr/sp-cune2.htm).

- la structure dite de « l'écriture rapide » qu'Anis présente ainsi : « Cette tradition se perpétue, par exemple dans les prises de notes, où chacun utilise et déchiffre sans problème 'tt', 'ts', 'bcp'» (2001, p. 37) ;
- la réduction du message à sa transcription phonétique ;
- l'utilisation d'un mélange d'écriture rapide, de transcription phonétique que nous libellerons « réduction phonétique ». Le terme peut sembler impropre, mais il traduit une manière de langage hybride dont une partie est présentée sous forme de phonèmes, avec en corollaire l'évacuation des normes orthographiques usuelles.

<table>
<tr><td colspan="6">Légende : (R) = rébus, (ER) = écriture rapide, (TP) = transcription phonétique, et (RP) = réduction phonétique.</td></tr>
<tr><td colspan="6" align="center">@/1 / 2</td></tr>
<tr><td>@bi1to (R)</td><td>À bientôt</td><td>@ l'1di (R)</td><td>À lundi</td><td>@2m'1 (R)</td><td>À demain</td></tr>
<tr><td>@2M1 (R)</td><td>À demain</td><td>@+ (R)</td><td>À plus</td><td>1 Bcil (R)</td><td>Imbécile</td></tr>
<tr><td>1Bzé c tou (R)</td><td>Un baiser, c'est tout</td><td>100L j'M + ri1 (R)</td><td>Sans elle, je n'aime plus rien</td><td>2vinekitat en (R)</td><td>Devine qui t'attend</td></tr>
<tr><td colspan="6" align="center">7/A/B</td></tr>
<tr><td>7 A DCD 2 rir (R)</td><td>C'est à mourir de rire</td><td>A2M1 (R)</td><td>À demain</td><td>Afk (ER)</td><td>Away from keyboard = pas au clavier</td></tr>
<tr><td>Alp (ER)</td><td>À la prochaine</td><td>Ama (ER)</td><td>À mon avis</td><td>ASV (ER)</td><td>Âge, sexe, ville</td></tr>
<tr><td>Atr (ER)</td><td>At keyboard = au clavier</td><td>AT souè (RP)</td><td>À tes souhaits</td><td>BB (ER)</td><td>Bébé</td></tr>
<tr><td>BJR (ER)</td><td>Bonjour</td><td>BSR (ER)</td><td>Bonsoir</td><td></td><td></td></tr>
<tr><td colspan="6" align="center">C/D</td></tr>
<tr><td>C 1 Nmi (R)</td><td>C'est un ennemi</td><td>cad (ER)</td><td>C'est-à-dire</td><td>Ccho (RP)</td><td>C'est chaud</td></tr>
</table>

C Dlir (RP)	C'est délire	C fou (TP)	C'est fou	ChanJ 2 suG (R)	Change de sujet
C Hyé (RP)	C'est à chier !	C ki (TP)	C'est qui	C Knon (RP)	C'est canon
C Koi (TP)	C'est quoi	C koi ton co2 (R)	C'est quoi ton code	CMP (ER)	*Call me please* – appelle-moi s'il te plaît
COK (ER)	C'est OK	Ct b'1IR (R)	C'était bien hier	CT bon (TP)	C'était bon
C top (TP)	C'est top	D100 j'taten (R)	Descend, je t'attends		
		E/G/I			
entouK (RP)	En tout cas	G 1 ID 2 Kdo (R)	J'ai une idée de cadeau	G 1 FIJ dL (R)	J'ai une effigie d'elle
G1 pul en l'N (R)	J'ai un pull en laine	G 2manD (R)	J'ai demandé	G + 1 tune (R)	J'ai plus une tune
G boC IR (RP)	J'ai bossé hier	GCC di X'r (R)	J'ai cessé d'y croire	GCD (ER)	J'ai cédé
G comanD 1Big Mac, D frit é 1seND (RP)	J'ai com--mandé un big mac, des frites et un sundae	Gcoute 1 cd (R)	J'écoute un CD	GCré 2 PaC 2m1 (R)	J'essaierai de passer demain
GdcoD le msg (RP)	J'ai décodé le message	G D L Ki pouS (RP)	J'ai des ailes qui poussent	G enf1 compri (R)	J'ai enfin compris
G envi 2 te voir (R)	J'ai envie de te voir	G f'1 (R)	J'ai faim	GHT 1 22 (R)	J'ai acheté un toutou

GHT 1 DVD (ER)	J'ai acheté un DVD	G HT 1 Kdo (R)	J'ai acheté un cadeau	G HT 1 NVL chN (R)	J'ai acheté une nouvelle chaîne
GHT 1 Vlo (R)	J'ai acheté un vélo	GHT du p'1 (R)	J'ai acheté du pain	G KC ma Kes (RP)	J'ai cassé ma caisse
G Klé (RP)	J'ai calé	GlaKrKsK boC (RP)	J'ai la carcasse cabossée	G la N (RP)	J'ai la haine
G l'R 2 Ri1 (R)	J'ai l'air de rien	Gmi 1 TS (R)	J'ai mis un tee-shirt	G pl1 2 $ (R)	J'ai plein de sous
G pl1 d'ID (R)	J'ai plein d'idées	G pa bcp d'ID (RP)	J'ai pas beaucoup d'idées	GpanC a toi (RP)	J'ai pensé à toi
G pas BCP d'ID (RP)	J'ai pas beaucoup d'idées	GpatouKp T (RP)	J'ai pas tout capté	GPT 1 K'bl (R)	J'ai pété un câble
G PT lé plon (RP)	J'ai pété les plombs	G raT le bac (RP)	J'ai raté le bac	G raté le TR1 (R)	J'ai raté le train
G roT (TR)	J'ai roté	GspR vou éD (RP)	J'espère vous aider	GT a l'Opra (RP)	J'étais à l'opéra
GT ché L (RP)	J'étais chez elle	GT en tr1 2 penC a toi (R)	J'étais en train de penser à toi	G tou KC (TP)	J'ai tout cassé
Gt o McDo (ER)	J'étais au Mac Do	GTOQP (ER)	J'étais occupé	Gtoufé (RP)	J'ai tout fait
Gtoufé (RP)	J'étouffais	G TVcharG D truc/le net (RP)	J'ai téléchargé des trucs sur le net	GV me Dvtir (RP)	Je vais me dévêtir

G U 1 Cop1 O TL (R)	J'ai eu un copain au téléphone	il boa tro 2 20 (R)	Il boit trop de vin	Ifé kemanBT (RP)	Il fait que m'embêter
		J/K/L			
J'2V i alé (R)	Je devais y aller	J'le saV (RP)	Je le savais	j'm bcp le CD (RP)	J'aime beaucoup le CD
J'sui 1 chF Fé paC (R)	Je suis un chef, fais passer	J'sui v'R (RP)	Je suis vert !	J'SPR TD (R)	J'espère t'aider
J'SPR trouV (RP)	J'espère trouver	j'tapL Dkej'pe (RP)	Je t'appelle dès que je peux	J'T vu en Kes (RP)	J't'ai vu en caisse
J'V RST (ER)	J'vais rester	j'V resT (RP)	J'vais rester	J'V te léC (RP)	J'vais te laisser
je 100 1 pb (R)	Je sens un problème	Je manK dNRJ (RP)	Je manque d'énergie	Jenémar (TR)	J'en ai marre
je saV pa koi te dir (RP)	Je ne savais pas quoi te dire	Je t'M (RP)	Je t'aime	Je Tcri 1 letr (R)	Je t'écris une lettre
Jetelé Dja di (RP)	Je te l'ai déjà dit	Je V O 6né (R)	Je vais au ciné	Je VTD (RP)	Je vais t'aider
j X pa (R)	J'y crois pas	JR 2pui D jrs (R)	J'y erre depuis des jours	Jré 100 toi (R)	J'irai sans toi
JV (ER)	J'y vais	Kesta manG (RP)	Qu'est-ce tu as mangé ?	Keske C (RP)	Qu'est-ce que c'est ?
Kestu di (RP)	Qu'est-ce que tu dis ?	Kestufé (TP)	Qu'est-ce que tu fais ?	kestufou (TP)	Qu'est-ce que tu fais ?

Kestu X (RP)	Qu'est-ce que tu crois ?	Kfé (TP)	Café	Kfé Olé (TP)	Café au lait
KRS (ER)	Caresse	K'S taten apl le (RP)	Qu'est-ce que tu attends, appelle-le	LA fé 1 gato (R)	Elle a fait un gâteau
L amenN le Kdo (RP)	Elle amène le cadeau	La vi è FMR (RP)	La vie est éphémère	LCKC (ER)	Elle s'est cassé
L é b'L (RP)	Elle est belle	LH pas laFR (RP)	Elle lâche pas l'affaire	L la qiT 100 r'1 dir (R)	Elle l'a quitté sans rien dire
LN A 1 BB (ER)	Hélène a un bébé	LN CKC 1pié (R)	Hélène s'est cassé un pied	L'S tomB (RP)	Laisse tomber
L t'M	Elle t'aime				
		M			
ma Kes a Klé (RP)	Ma caisse a calé	Ma m'R vi1 ce soir (R)	Ma mère vient ce soir	ma TV è KC (RP)	Ma tévé a cassé
MDR (ER)	Mort de rire	m'R (TP)	Mère	MSG (ER)	Message
		P/R/S			
PK (ER)	Pourquoi	PP é Ereu (RP)	Pépé est heureux	p'R (TP)	Père
Rapl moi (RP)	Rappelle-moi	RE (RP)	Je suis de retour	RDV 2M1/la place (R)	Rendez-vous demain sur la place
rdv 0 6né (R)	Rendez-vous au ciné	RDV 0 Kfé (ER)	Rendez-vous au café	RDV O SDF (ER)	Rendez-vous au stade de France
RV CKC lené (R)	Hervé s'est cassé le nez	Rv é le p'R (RP)	Hervé est le père	Sa t1 T r'S (R)	Ca t'inté--resse ?

SavaKié (RP)	Ca va cailler	Sketaman G (TP)	Est-ce que tu as mangé	Ske tu vil (R)	Est-ce que viens ?
SLT (ER)	Salut !	STP (ER)	S'il te plaît	SVP (ER)	S'il vous plaît
T/U/Y					
T1D6 (R)	T'es indécis	T1 s'1 je C (R)	T'es un saint, je sais	Ta + r'1 (R)	T'as plus rien ?
Ta 1 Co1 ou manG (R)	T'as un coin où manger ?	Tabitou (TP)	T'habites où ?	Ta éT voi koi 06né (R)	T'as été voir quoi au ciné ?
TaKlef'R RP)	T'as qu'à le faire	Ta K PaC (TP)	T'as qu'à passer	Ta pri la K7 (R)	T'as pris la cassette
Tason num (RP)	T'as son numéro	ta trouV 1 ID 2Kdo (R)	T'as trouvé l'idée de cadeau ?	Tav'Rti (RP)	T'es averti
TBM (ER)	Très bien monté	T bo com 1 9 (R)	T'es beau comme un œuf	T Dbil mec (RP)	T'es débile, mec
TD K'lké (ER)	T'es décalqué	TDKP (ER)	T'es décapé	T eureu (RP)	T'es heureux
TFRV100 (R)	T'es effervesce nt	Ti vil (R)	Tu viens ?	T Ki (TP)	T'es qui ?
T I2 (R)	T'est hideux	T la + b'l (R)	T'es la plus belle	T le + b'O (R)	T'es le plus beau
TLM (ER)	Tout le monde	T naz (TP)	T'es naze	TNRV (ER)	T'es énervé
T obCD (RP)	T'es obsédé	T OK (TP)	T'es Ok	TOQP (ER)	T'es occupé ?
T pa 100 C (R)	T'es pas censé	Tpa fâché (RP)	T'es pas fâché ?	T pa f'Hé (RP)	T'es pas fâché ?
TqloT (RP)	T'es culotté	T tomB dla tr FL (RP)	T'es tombé de la Tour Eiffel	TT ou (TP)	T'étais où ?

Tu M le KKO (RP)	Tu mets le cacao ?	Tu m'strS (RP)	Tu me stresses	Tu pu D pié (RP)	Tu pues des pieds
Tu T pakC (RP)	Tu es pacsé ?	Tu va bil (R)	Tu vas bien ?	Tu va HT le Kdo (RP)	Tu vas acheter le cadeau
tu vil 2 m'1 (R)	Tu viens demain ?	Tu vil 7 aprem (R)	Tu viens cet après-midi ?	TVB (ER)	Tu vas bien ?
U2 (R)	*You too* – Toi aussi	Ya 1 pb (RP)	Y'un problème	yamamoto KDraP (RP)	Y'a ma moto qu'a dérapé

Tableau 1 — Présentation des termes et expressions en usage sur l'Internet (corpus 1)

Source : Dico SMS 1- 2 — 3, Paris, Michel Lafon, 2001, 95 p.

6/$					
6T ***(R)***	Cité	6né ***(R)***	Cinéma	$ ***(R)***	Argent
@/A					
@+ ***(R)***	À plus tard	A2M1 ***(R)***	À demain	Afk ***(ER)***	*Away from keyboard* = pas au clavier
Alp ***(ER)***	À la prochaine	Ama ***(ER)***	À mon avis	Asv ***(ER)***	Âge, sexe, ville
Atr ***(ER)***	*At keyboard* = au clavier	AR ***(ER)***	Aller-retour	Asap ***(ER)***	*As soon as possible* = le plus tôt possible
Atd ***(ER)***	À ta dispositio n	Av ***(ER)***	Avant	Ap ***(ER)***	Après
B/C/D/E					
Bal ***(ER)***	Boite aux lettres	Bbl ***(ER)***	*Be back later* = reviens plus tard	Bancat ***(RP)***	Numéro de carte bancaire

Bav ***(RP)***	Bavardage	Bcoz ***(TP)***	*Because* = parce que	Biz ***(TP)***	Bises
Brb ***(ER)***	*Be right back* = je reviens tout de suite	Btw ***(ER)***	*By the way* = à ce propos	Cardat ***(RP)***	Carnet d'adresses
C*** ***(R)***	Cool	Cdlt ***(ER)***	Cordiale- -ment	Cki ***(TP)***	C'est qui ?
Ckoi ***(TP)***	C'est quoi ?	Cu ***(TP)***	*See you* = à plus	D6D ***(R)***	Décider
DpaC ***(RP)***	Dépasser	Dak ***(RP)***	D'accord	Enli ***(RP)***	En ligne
			F/G		
F2F ***(R)***	*Face to face* = face à face	FAQ ***(ER)***	*Frequentl y asked question* = questions les plus fréquem- -ment posées	Fyi ***(ER)***	*For your informa- -tion* = pour ton informa- -tion
GSER ***(ER)***	Les grands esprits se rencon- -trent	Ght ***(TP)***	J'ai acheté	G HT 1 KDO ***(R)***	J'ai acheté un cadeau
Gmta ***(ER)***	*Great minds think alike* = les grands esprits se rencon- -trent	Ic ***(ER)***	*I see* = je vois	Iirc ***(ER)***	*If I remember correctly* = si ma mémoire est bonne

I/J/K/L					
ID ***(TP)***	Idée	Irl ***(ER)***	*In the real life* = dans la vie réelle	Imho ***(ER)***	*In my humble opinion* = à mon humble avis
Iow ***(ER)***	*In other words* = en d'autres termes	JC ***(ER)***	*Just curious* = simple- -ment pour savoir	KC ***(TP)***	Cassé
kdo ***(TP)***	Cadeau	Ltns ***(ER)***	*Long time no see* = cela fait un bail		
M/N/O/P					
ML ***(ER)***	*Mailing list* = Liste de diffusion	MR2 ***(ER)***	Merde	MDR ***(ER)***	Mort de rire
Np ***(ER)***	*No problem* = pas de problème	NRV ***(TP)***	Énervé	ONCKRI ***(TP)***	On s'écrit
OQP ***(ER)***	Occupé	Pj ***(ER)***	*Private joke* = blague privée	Pls ***(RP)***	*Please* = s'il vous plait
R/S/T					
R29 ***(R)***	Rien de neuf	Rl ***(R)***	*Real life* = la vraie vie	Sjpmp ***(ER)***	Si je puis me permettre
Slt ***(ER)***	Seulement	Stp ***(ER)***	S'il te plait	Tdr ***(ER)***	Tordu de rire
Tia ***(ER)***	*Thanks in advance* = merci d'avance	Thx ***(RP)***	*Thanks* = merci	T ou ***(TP)***	Tu es où ?

Ttb *(ER)*	Très très bien	TU M M *(TP)*	Tu m'aimes ?		

Tableau 2 — Présentation des termes et expressions en usage sur l'Internet (corpus 2)

Source : Anis, 2001, p. 107 et suiv.

J'ai procédé à l'analyse des corpus d'énoncés présentés ci-dessus tant dans leur qualité lexico-syntaxique et leur organisation dialogique que dans leur particularité sémantique. L'étude de l'ensemble des entrées de chaque rubrique convergera vers la mise en relief d'une construction langagière particulière, actualisée entre une manière de code oral et de code écrit. J'ai évoqué précédemment l'apparition de nouvelles structures dialogiques sur l'Internet avec notamment l'usage quasi exclusif du tutoiement ; elles subsument un certain nombre d'items, dont une partie réfère directement aux normes grammaticales usuelles, alors que l'autre partie prend en charge les différents éléments du discours. En effet, la diversité des occurrences, tant au niveau de la forme (substantif, adverbe, phrase, etc.) qu'au niveau du fond (segment discursif à la 1re, 2e ou 3e personne, ouverture et fermeture de dialogue), m'a amenée à opérer une manière de choix hybride.

Les conclusions à ces analyses sont présentées dans des tableaux synoptiques qui reprennent des données chiffrées calculées à partir de chacun des corpus (*cf.* p. 67 pour le corpus 1 et p. 71 pour le corpus 2). Ces tableaux sont divisés en deux blocs : le premier couvre l'origine linguistique des expressions (langue française et langue anglo-américaine) et leurs structures linguistiques (rébus, écriture rapide, transcription phonétique et réduction phonétique) ; le deuxième, les rubriques dénommées « structures dialogiques » et « répartition des termes et expressions dans les champs sémantiques appropriés ». Chaque rubrique de ce dernier bloc subsume une série d'items dont le lecteur trouvera la présentation ci-dessous :

- la mention « ouverture et fermeture des segments discursifs » correspond à ce que Kerbrat-Orecchioni dénomme des séquences et qu'elle présente ainsi : « La séquence peut être définie comme un bloc d'échanges reliés par un fort degré de cohérence sémantique ou pragmatique, c'est-à-dire traitant d'un même thème, ou centré sur une même tâche » (1996, p. 37). Les séquences sous-tendent les différentes interactions de communication. Elles peuvent être divisées en trois blocs, selon le schéma général proposé par l'auteur précité, c'est-à-dire une séquence d'ouverture, le corps de l'interaction et enfin une séquence de clôture ;
- les mentions « segments discursifs à la 1re, 2e et 3e personne » réfèrent à ce que l'auteur précité spécifie comme « corps de l'interaction » et qui correspond au déroulement des échanges conversationnels en dehors des séquences liminaires. En règle générale, les interactions de communication initialisées dans les salons de conversation sur l'Internet sont « de nature plus relationnelle que transactionnelle : on parle pour parler, et pour assurer la maintenance du lien social » (*ibid.*, p. 16).

Sous cette rubrique, j'ai également inséré les items intitulés : mots grammaticaux, substantifs et locutions substantives, adjectifs et locutions adjectivales ainsi que les verbes. En effet, dans cette compilation, figurent différents termes et expressions en usage sur la Toile et qui participent de l'échange communicationnel à divers titres : embrayeurs, termes lexicaux, etc.

Par ailleurs, j'ai ouvert une rubrique intitulée, « répartition des termes et expressions dans les champs sémantiques appropriés », et qui subsume différents items tels que : prise/maintien contact, identité, manifestation affective, commentaire/jugement, vie quotidienne et enfin humour/dicton. Ces classes sémantiques correspondent à différents groupes d'occurrences, lesquelles ont été regroupées par contiguïté de sens. Ainsi, nous avons un champ sémantique relatif à la prise de contact et à son maintien, un autre lié à l'identité de l'interlocuteur et enfin, un dernier qui prend en compte tout ce qui touche au commentaire et au jugement. Ces champs correspondent aux séquences liminaires (prise de contact et son maintien) ainsi qu'au « corps de l'interaction » (commentaire/jugement), tels que ces concepts avaient été définis précédemment. L'identité est régulée par la demande explicite de se nommer comme dans l'expression : T ki ? J'ai également intégré les champs « manifestation affective », « vie quotidienne » et « humour/dicton », car j'ai relevé un certain nombre d'occurrences en faisant partie. Pour revenir au corpus 1, ses 209 occurrences ont été regroupées par rubrique et par item dans le tableau synoptique ci-dessous.

Origine linguistique			**Structures linguistiques**		
Rubriques	**En fréquence**	**En %**	**Rubriques**	**En fréquence**	**En %**
Langue française	206	98,56	Rébus	77	36,84
Langue anglo-américaine	3	1,43	Écriture rapide	36	17,22
			Réduction phonétique	75	35,88
			Transcrip - tion phonétique	21	10,04

Total	209	100	Total	209	100
Structures dialogiques			**Répartition des termes et expressions dans les champs sémantiques appropriés**		
Rubriques	**En fréquence**	**En %**	**Rubriques**	**En fréquence**	**En %**
Ouverture/ fermeture des segments discursifs	12	5,74	Prise/ maintien contact	22	10,52
Segments discursifs à la 1re personne	80	38,27	Identité	5	2,39
Segments discursifs à la 2e personne	65	31,10	Manifesta-tion affective	12	5,74
Segments discursifs à la 3e personne	33	15,78	Commen--taire/ jugement	81	38,75
Mots grammati--caux	6	2,87	Vie quotidienne	82	39,23
Substantifs/ locutions substan--tives	13	6,22	Humour/ dicton	7	3,34
Adjectifs, locutions adjectivales	0	0			
Verbes	0	0			
Total	209	100	Total	209	100

Tableau 3 — Compilation des résultats — corpus 1

Les résultats affichés, pour ce premier corpus, indiquent l'émergence de plusieurs tendances :

- la langue française est utilisée à plus de 98 % dans les termes et expressions de ce premier corpus. Toutefois, je ferai montre d'une certaine prudence quant à la généralisation de ce résultat sur l'ensemble du langage en usage sur l'Internet. En effet, la société Bouygues Télécom, pour le compte de qui ont été réalisés les ouvrages ayant servi de référence à ces calculs, se positionne dans une dynamique de vente de produits de téléphonie mobile à des consommateurs français, ce qui pourrait expliquer que ce soit la langue française qui ait été privilégiée et non l'anglo-américain ;

- en ce qui concerne les structures linguistiques sous-tenant ce nouveau langage, nous constatons que sont utilisés majoritairement le rébus et l'écriture rapide, avec respectivement, un chiffre de 77 occurrences pour le premier item et de 75 pour le second, contre 57 pour l'ensemble des items dénommés « transcription phonétique » et « réduction phonétique ». Ce constat nous renvoie à l'analyse réalisée par Anis sur ce qu'il appelle les « langages du réseau ». Cet auteur souligne ainsi :

> Les réseaux ont fait surgir la « conversation écrite », inspirée par la langue parlée familière. Les écarts avec l'orthographe académique contribueront sans doute à produire des effets d'oralité bien venus. [...] Si on réduit le message à la phonétique, le plus souvent on abrège le message comme avec le « k » pour « qu » et on crée un « effet » oral (2001, p. 38 et 39).

Bien que je suppute que la majorité du langage en usage dans les salons de conversation sur l'Internet, trouve sa réalisation à travers les différents codes que je viens de mentionner, je ne peux affirmer toutefois que ces codes sont actualisés dans les proportions que j'ai indiquées ;

- la rubrique intitulée « structures dialogiques » met en relief une tendance nette à utiliser les modèles conversationnels en usage à l'oral. En effet, nous avons une majorité de segments discursifs initialisés à la 1re et à la 2e personne (respectivement 80 et 65 occurrences), soit près de 70 % de l'ensemble des occurrences analysées. Les séquences liminaires ne sont réalisées que dans la proportion de 5,74 %, ce qui correspond à 12 occurrences. Les autres items repérés sont distribués ainsi : « mots grammaticaux » 2,87 % (6 occurrences), « substantifs/locutions substantives » (13 occurrences), soit 6,22 % et enfin, je n'ai trouvé dans ce corpus aucune occurrence pour les deux items « adjectifs/locutions adjectivales » et « verbes » ;

- la rubrique « champs sémantiques », mise en place afin de repérer les structures particulières qui sous-tendent ce nouveau langage, nous renseigne ainsi : l'item intitulé « prise/maintien contact » est représenté avec 10,52 %, ce qui correspond à 22 occurrences ; l'item « identité » n'est réalisé qu'avec 2,39 %, soit un chiffre de 5 occurrences ; pour l'item appelé « manifestation affective », nous trouvons les chiffres de 5,74 %, soit 12 occurrences. Avec 38,75 % et 39,23 % (soit 81 et 82 occurrences), ce sont les items « commentaire/jugement » et « vie quotidienne » qui, en matière de données chiffrées, sont les plus représentés ; quant à l'item intitulé « humour/dicton », il ne représente que 3,34 % de l'ensemble des données, soit 7 occurrences. Ces chiffres semblent corroborer une réalité dialogique de l'Internet, laquelle se réaliserait à partir de paramètres déjà en usage lors d'interactions de communication de type oral. En effet, les items les plus représentés correspondent à ce que Kerbrat-Orecchioni dénomment « le corps de l'interaction » ; les « séquences liminaires », qui correspondent à l'item appelé « prise/maintien contact », figurent également en bonne position dans ces données chiffrées.

Les résultats de notre conclusion relative au premier corpus seront mis en comparaison avec ceux du deuxième corpus et analysés plus amplement au § 2.4. Revenons au corpus 2 : il a été compilé à partir d'une liste d'expressions en usage sur l'Internet et présentée par le linguiste Anis *in Parlez-vous texto ?* Comme je l'avais mentionné précédemment, la taxinomie des termes et expressions, collationnés par cet auteur, semble plus proche du dictionnaire bilingue que du manuel de langue. Les 70 occurrences de ce corpus sont regroupées par rubrique et par item dans le tableau synoptique présenté ci-dessous.

Origine linguistique			**Structures linguistiques**		
Rubriques	**En fréquence**	**En %**	**Rubriques**	**En fréquence**	**En %**
Langue française	43	61,43	Rébus	9	12,85
Langue anglo-américaine	27	38,57	Écriture rapide	38	54,28
			Réduction phonétique	9	12,85
			Transcrip- -tion phonétique	14	20
Total	70	100	Total	70	100
Structures dialogiques			**Champs sémantiques**		
Rubriques	**En fréquence**	**En %**	**Rubriques**	**En fréquence**	**En %**
Ouverture/ fermeture des segments discursifs	9	12,85	Prise/ maintien contact	16	22,85

Segments discursifs à la 1re personne	8	11,42	Identité	2	2,85
Segments discursifs à la 2e personne	65	31,10	Manifesta- -tion affective	3	4,28
Segments discursifs à la 3e personne	6	8,57	Commen- -taire/ jugement	19	27,14
Mots grammati- caux	7	10	Vie quotidienne	26	37,14
Substantifs/ locutions substan- -tives	30	42,85	Humour/ dicton	4	5,71
Adjectifs, locutions adjectivales	2	2,85			
Verbes	4	5,71			
Total	70	100	Total	70	100

Tableau 4 — Compilation des résultats — corpus 2

Ces résultats chiffrés nous indiquent que l'actualisation des items, pour chacune des rubriques présentées, diffère d'un corpus à l'autre. Ceci pourrait s'expliquer par le contexte dans lequel chacun des ouvrages a été réalisé. J'avais déjà abordé cette problématique en évoquant le défi commercial de la société Bouygues Télécom. En effet, le groupe McDonald's, partenaire de cette enseigne, avait procédé à une distribution gratuite de ces *Dico SMS* au sein de ses restaurants, lesquels fidélisent une clientèle majoritairement jeune, intéressée par les dernières technologies et donc susceptible d'acheter forfaits et téléphones portables. Hormis l'aspect ludique de ces petits ouvrages, les deux premières pages couvrent une offre commerciale concernant des forfaits téléphoniques pour cellulaires ainsi qu'un mode d'emploi pour l'envoi de télémessages. Il y est mentionné notamment : « Certains téléphones vous facilitent la tâche grâce à l'écriture intuitive : tapez les premières lettres d'un mot et votre écran affiche automatiquement les mots les plus pertinents commençant par la (ou les) même (s) lettre (s) » (2001, introduction). Cette philosophie commerciale pourrait expliquer ce choix d'énoncés « prêts à l'emploi », et qui se démarquent du contenu de la compilation des termes et expressions présentés par Anis. Malgré leur dénomination : *Dico SMS*, ces petits opuscules s'apparentent plus à des manuels pratiques de langue qu'à des dictionnaires. En revanche, pour le linguiste Anis, le défi est tout autre, puisque de nature linguistique ; le choix des termes et expressions collationnés va donc être infléchi par cet objectif. En effet, les résultats des données compilées se déclinent ainsi :

- si l'origine linguistique des termes analysés est majoritairement de langue française avec 43 occurrences sur un total de 70, soit 61,43 % de l'ensemble, nous trouvons néanmoins 27 occurrences anglo-américaines, ce qui représente, en pourcentage, 38,57 % de l'ensemble analysé. Ces chiffres se démarquent donc du premier corpus, car le choix et le collationnement des termes et expressions étant liés, pour partie, aux objectifs à atteindre et au contexte entourant ces compilations ;
- en ce qui concerne la rubrique dénommée « structures linguistiques », les résultats mentionnent une terminologie articulée majoritairement autour de l'utilisation de l'écriture rapide avec 38 occurrences, ce qui correspond à un pourcentage de 54,28. Vient en second, la transcription phonétique avec 14 occurrences actualisées, soit en pourcentage, un chiffre de 20 %. Le reste des données chiffrées étant réparti entre les deux items restants ;

- la rubrique « structures dialogiques » est représentée majoritairement par l'item « substantifs/locutions substantives » avec un total de 30 occurrences sur 70, soit 42,85 %. La structure dialogique en tant que telle, c'est-à-dire les séquences liminaires (ouverture/fermeture des segments discursifs) ainsi que le « corps de l'interaction » (segments discursifs à la 1re, 2e et 3e personne), ne représente qu'un pourcentage minoritaire, c'est-à-dire 12,85 % avec 9 occurrences, pour le premier cas de figure, et 25,83 %, soit un total cumulé de 18 occurrences, pour le deuxième cas de figure. Ces résultats semblent confirmer l'approche de type dictionnairique faite par l'auteur ;
- par contre, en ce qui concerne la rubrique intitulée « champs sémantiques », les résultats soulignent l'émergence de champs dédiés à la relation dialogique, de type oral, et tel que le présente Kerbrat-Orecchioni avec la réalisation de segments liminaires et la mise en place du « corps de l'interaction ». Dans le premier cas de figure, nous avons recensé 16 occurrences pour l'item « prise/maintien contact », ce qui correspond à un chiffre de 22,85 % ; dans le second cas de figure, et pour les items « commentaire/jugement » et « vie quotidienne », nous avons relevé 19 et 26 occurrences, ce qui représente les chiffres de 27,14 % et 37,14 %. L'émergence de ces items particuliers soulignerait, donc, la spécificité « conversation écrite » de ce nouveau langage, ainsi que l'avait souligné Anis dans son ouvrage dédié aux « langages du réseau ».

2.4 Conclusion à l'analyse de ces corpus

Dans la conclusion à cette analyse, j'ai pris en compte les différents paramètres inférant une manière d'oralité dans un discours dont le code est l'écrit. J'avais mentionné les différences existant entre ces deux corpus, d'une part d'un point de vue taxinomique et, d'autre part, au niveau des résultats chiffrés ; cependant, elles ne se positionnent pas tant au niveau d'un dialogue de nature orale utilisant le code de l'écrit, que dans un aménagement particulier, d'un corpus à l'autre, de leurs occurrences.

S'il apparaît que la langue française est représentée majoritairement dans les deux corpus, l'anglo-américain y figure, néanmoins, bien que dans des proportions différentes. Ceci correspond, selon moi, à des choix stratégiques de la part de la société Bouygues Télécom qui, s'adressant à une niche de consommateurs potentiels à majorité francophone et étudiante, privilégiera la langue de Molière plutôt que celle de Shakespeare. J'avais évoqué la langue anglo-américaine dans une approche transculturelle et translinguistique, car l'Internet comme le micro-ordinateur qui lui est associé, sont originaires des États-Unis. Ainsi que le souligne Proulx *in La révolution Internet en question* : « D'abord imaginée dans les milieux militaires et universitaires aux États-Unis, au cours des années 1970, l'innovation Internet a vraiment pénétré l'univers quotidien pendant la décennie 1990 » (2004, p. 7). Cet auteur spécifie également :

> Les ingénieurs inventent les premiers mini-ordinateurs, par exemple le PDP-1, construit par la société Digital Equipment Corporation. [...] Entre 1961 et 1967, dans leurs laboratoires aux États-Unis et en Angleterre, des ingénieurs en télécommunication et des experts en informatique améliorent considérablement le processus de transmission « point à point ». Les premières transmissions analogiques ont été développées dans le contexte de la téléphonie (*ibid.*, p. 12 et 13).

Ces innovations technologiques, tout en véhiculant culture et langue anglo-américaine, ont permis l'émergence d'un langage spécifique à l'Internet, car

> [ce média] non seulement agit comme un support technique permettant la transmission des messages, mais il constitue aussi un espace d'expression et de communication (appelé cyberespace) permettant la production, la publication et la recherche d'informations à une échelle mondiale. Internet mobilise simultanément les ressources de l'écrit, du son, de l'audiovisuel et fait émerger des manières spécifiques d'entrer en contact avec les autres. Le « réseau des réseaux » est un dispositif social et technique qui a rendu possibles plusieurs nouvelles manières de communiquer (Proulx, 2004, p. 36 et 37).

Ceci dit, le repérage de la nature « orale » du contenu des messages échangés sur l'Internet, mais qui sont toutefois supportés par un code écrit, interviendra lors de l'analyse de l'ensemble de nos deux corpus. Sous la rubrique intitulée « structures linguistiques », nous avions noté la prépondérance accordée à l'utilisation d'un code écrit, tel le rébus ou encore l'écriture rapide. En effet, évoquant ces échanges communicationnels, Anis souligne ainsi : « personne n'arrive à taper aussi vite qu'il ne parle sur son clavier d'ordinateur », et justifiant l'usage d'un écrit « qui se parle », il ajoute : « La communication sur les réseaux a donc créé ses propres caractéristiques : dépersonnalisation des signes graphiques, absence de repères physiques, chamboulement de la syntaxe, avec, malgré tout, le désir de s'exprimer avec sincérité et force » (2001, p. 29). Ce linguiste avait commencé ses recherches avec l'analyse de corpus relevés sur le Minitel. Rébus et écriture rapide, dans des versions élaborées, peuvent soutenir ce type d'énoncés : @2M1 (à demain) et 100L j'M + ri1 (Sans elle je ne suis plus rien), pour ce qui est du rébus ; quant à l'usage de l'écriture rapide, soit le « tout consonantique », elle sera illustrée par des séquences comme par exemple : « alp » (à la prochaine), « bjr » (bonjour), « bsr » (bonsoir), abréviations qui sont déjà utilisées hors l'Internet, notamment dans le cas de figure de la prise de notes.

La nature interactionnelle des échanges sur l'Internet a été analysée à partir de la rubrique dénommée « structures dialogiques ». Nous avons noté que d'un corpus à l'autre les choix taxinomiques diffèrent. Comme je l'avais souligné, ce n'est pas tant l'usage, ou le non-usage, de la réalité dialogique qui est contesté, mais plutôt son rapport à l'objet dictionnairique. En effet, les documents d'où est extrait le premier corpus, seraient proches, dans leur conception, du guide pratique de langue avec une prépondérance d'énoncés phrastiques, alors que le second corpus est présenté, par le linguiste Anis, comme une compilation terminologique à entrée de type dictionnairique : nous y trouvons quelque 43 lexèmes dont 30 substantifs, soit plus de la moitié des termes et expressions répertoriés.

Enfin, la rubrique, dénommée « champs sémantiques », recouvre différents groupes d'occurrences ; ces derniers ont été repérés, et choisis, en fonction des relations de contiguïté existant entre chacun des termes et expressions. Il avait été noté que des items comme « prise/maintien de contact », « vie quotidienne » et « commentaire/jugement » prennent en compte la quasi-majorité des énoncés, dans un corpus comme dans l'autre, et recouvrent des pratiques directement liées à l'échange interactionnel. Ainsi, l'item « prise/maintien de contact » correspond-t-il aux séquences liminaires d'un discours, les items « vie quotidienne » et « commentaire/jugement » au « corps de l'interaction ».

L'auteur Kerbrat-Orecchioni définit ainsi l'usage des séquences encadrant l'ouverture et la clôture du discours :

> [Elles] ont des fonctions bien particulières – pour l'ouverture : établir le contact physique et psychologique entre les interlocuteurs (fonction phatique), opérer une première mais décisive « définition de la situation », et amorcer l'échange proprement dit de façon favorable, grâce à un certain nombre de rituels « confirmatifs » (salutations, manifestations de cordialité, et du plaisir que l'on éprouve à cette rencontre) ; pour la clôture : annoncer et organiser de la façon la plus harmonieuse possible la fin de la rencontre, au moyen là encore de différents échanges à fonction « euphorisante » (excuses et justifications de départ, bilan positif de la rencontre, remerciements, vœux, salutations en forme de promesse de se revoir). Ces séquences liminaires sont plus fortement « ritualisées » que les séquences centrales (1996, p. 37).

Finalement, comment repère-t-on les marques de l'oral ? Pour ce, et afin de répondre à cette question, nous analyserons la structure de ce langage hybride qu'est le nouveau code linguistique sur l'Internet. La construction langagière de l'oral, dans laquelle la pensée est précisée au fur et à mesure de l'avancement de l'énoncé, ne se traduit pas, sur le Web, par ces marques[17] : répétitions, hésitations, redites, retours, etc. ; le texte est écrit, puis envoyé tel quel. Nous évoquions cette hybridation entre oral et écrit : ce langage n'a pas de l'oral la redéfinition permanente du discours, mais il n'a pas non plus de l'écrit la précision, la construction, par avance, de l'objet scriptural. En effet, de l'oral ce code ne prend que la quasi-simultanéité de l'échange ; cette nouvelle donne, totalement corrélée au fait informatique, permet l'immédiateté des échanges interactionnels *via* des ordinateurs interconnectés.

[17] *Cf.* le tableau 5, en page suivante.

Néanmoins, si cette technologie novatrice permet rapidité et simultanéité, le message composé par le scripteur prend un certain temps quant à sa rédaction. Afin de pallier cet inconvénient, les usagers de ce média ont donc recours à un code écrit simplifié. Ainsi, un certain nombre de paramètres définissent et spécifient ce qui est de l'ordre de l'écrit et ce qui est de l'ordre de l'oral. À cet effet, nous reprendrons le schéma présenté par Coïaniz *in L'enseignement de la grammaire aux étrangers, Thèse de doctorat.*

Oral	**Scriptural**
Il n'est pas possible de construire à l'avance les énoncés : on précise sa pensée au fur et à mesure que l'on parle. L'oral est linéaire, il est donc fréquent de trouver ici : - des répétitions ; - des approximations ; - des hésitations ; - des retours à ce qui a été dit. [...] L'oral est une langue en construction [...] [qui] met le plus souvent en présence un émetteur et un récepteur. L'émetteur organise son discours en tenant compte de ce fait.	Avant d'écrire, il est possible de prévoir, de construire à l'avance les énoncés ; l'écrit n'est pas linéaire, et fait un usage différent du temps. [...] Il faut être précis, concis. L'écrit est une langue construite. [Le scripteur] doit construire un récepteur fictif [...].

Tableau 5 — Présentation des spécificités du discours oral et du discours écrit

Source : d'après l'ouvrage précité (1981, p. 522)

Dans ce tableau, il y est évoqué le discours en situation, discours que l'on retrouve lors des échanges communicationnels dans les salons de conversation. Ce type d'échange peut être repéré à travers ce que l'auteur Kerbrat-Orecchioni appelle « le corps de l'interaction », et que nous avons répertorié, sous la rubrique « champs sémantiques », par les items « vie quotidienne » et « commentaire/jugement ». Ce type de contenus discursifs fait partie des conversations informelles, dites « à bâtons rompus ». Cette typologie discursive se démarque précisément d'un énoncé écrit, lequel est construit autour « d'un récepteur fictif » ; le scripteur, dans ce cas de figure, met en adéquation terminologie d'une langue écrite dans un français normé, et supposé lecteur.

Je ne reviendrai pas sur la structure du discours qui a déjà fait l'objet d'une approche théorique avec la mise en regard de nos deux corpus et des travaux de Kerbrat-Orecchioni. En dehors de la structure discursive, les repérages de la marque de l'oral interviennent à d'autres niveaux. Ainsi, différents auteurs proposent des démarches spécifiques pour ces objets : les discours de type oral et écrit. Peytard, évoquant le choix du locuteur face aux codes écrit et parlé, et dans un article intitulé *Pour une typologie des messages oraux*, paru *in La grammaire du français parlé*, souligne ceci : « Que l'on prenne le point de vue de l'émetteur ou du récepteur, à chaque fois, le signe linguistique a chance de se proposer sous une double apparence de signifiant phonique ou/et graphique » (1971, p. 163).

Cette double appartenance ne renvoie-t-elle pas à ce langage hybride de l'Internet ? Analysant ce glissement de l'oral à l'écrit, et *vice versa*, à travers « la terminologie employée », l'auteur précité pose la problématique suivante ainsi :

> [Cette terminologie] permet un amalgame ; personne ne croit devoir situer le vocabulaire et la grammaire traités, dans leur espace de réalisation, encore moins de poser le problème des passages, pour le « locuteur-scripteur », de l'oral à l'écrit ou de l'écrit à l'oral ; comment utilisons-nous, dans l'acte d'écrire les

ressources lexicales et grammaticales de l'oral ? Comment ce que nous lisons et avons lu peut-il être reversé dans le message oral ? (*ibid.*, p. 165).

Dans le même ordre d'idée, Sauvageot mentionne l'innovation linguistique qui se formerait à partir de la langue parlée. Dans l'ouvrage intitulé *Analyse du français parlé*, cet auteur écrit ceci :

Il ne faudrait pas conclure [...] que la langue parlée ne se présente que sous les espèces d'une sorte d'écrit phoniquement réalisé. Elle innove au contraire constamment, et plusieurs de ses innovations se sont imposées au cours des dernières dizaines d'années, dont quelques-unes ont pénétré ou tendent à pénétrer dans la langue écrite (1972, p. 156).

À l'heure de l'Internet, ne sommes-nous pas, à la fois acteurs et spectateurs de cette création linguistique ?

Le fait autopoïètique préside à l'innovation linguistique sur le média Internet ; il se manifeste à travers rébus, écriture rapide, réduction et transcription phonétique, etc., comme nous l'avons présenté au cours du présent texte. Ainsi le rébus, composé, bien souvent, à la fois de logogrammes, phonèmes, apocopes, aphérèses, etc., s'il correspond à une manière d'écrire le « dit », peut aussi servir l'écrit par le détournement de son code. Des poètes l'ont ainsi utilisé comme Queneau *in Exercices de style* qui manie aphérèses et apocopes dans ses écrits du même nom (1995, p. 54 et 55). Dans la même approche, Anis présente quelques textes poétiques, réécrits en utilisant les ressources de ce nouveau langage, tel cet extrait d'une chanson de Brel qui, dans sa version originale, se présente ainsi :

> […]Ô mon amour
> Mon doux, mon tendre, mon merveilleux amour,
> De l'aube claire jusqu'à la fin du jour
> Je t'aime encore, tu sais, je t'aime.

Et qui, dans sa retranscription va donner le texte suivant :

> […]O mon Amour
> Mon dou mon tendre mon mRVyeu Amour
> 2lob cler juska la fin du jour
> je tM encor tu se je tM

lequel est un mélange de rébus avec le logogramme « 2 », d'écriture rapide avec le « RV » de « mRVyeu », et de transcription phonétique pour le lexème « juska ».

Quel avenir, enfin, pour un tel langage qui « parle l'écrit » ? Il semblerait que certains termes, déjà en usage, d'un point de vue scriptural, comme les prises de notes réalisées dans le cadre de la méthode dite de « l'écriture rapide », se pérennisent maintenant sur le média Internet. L'utilisation des rébus ou de la troncation de mots, par exemple, migre tantôt de la téléphonie mobile vers l'Internet, et tantôt du Web vers la téléphonie cellulaire. Ainsi, ces discours repérés dans les salons de conversation sont-ils également actualisés sur les téléphones mobiles avec l'envoi des télémessages. Ce « parler texto » est, certes, interdépendant de la technologie, mais ne va-t-il pas pénétrer le territoire du français normé ? Certains termes ou expressions, ne vont-ils pas intégrer ce patrimoine qu'est la langue en devenir ? C'est un nouvel enjeu qui s'inscrit entre la langue, qui par sa pérennisation tend vers la norme et la prescription, et la société, qui par ses mutations, innove, évolue et se transforme.

2.5 Un même code et une même technique pour des technologies et des enjeux différents

Ce passage du code écrit de type pictographique, dont les signes figuratifs racontent les objets du monde réel, au code alphabétique, dont l'interprétation fait appel à la fonction symbolique, s'est étendu sur une longue période. Le code écrit transitera par des modes d'écriture comme l'idéogramme et/ou le phonogramme avant d'intégrer le système scripturaire que nous connaissons actuellement en Europe occidentale, c'est-à-dire l'alphabet latin ; ainsi Boulanger, évoquant le code écrit, mentionne que : « toutes les écritures ont une origine pictographique » (2003, p. 49). Et cet auteur de spécifier :

> Les pictogrammes servent à restituer dans leur tracé un référent du monde réel. Le « mot », qui est davantage un tracé qu'une écriture, représente la chose. Dans l'étape suivante de l'écriture, il y a prise de conscience des mots distincts qui se distinguent dans la chaîne discursive. Apparaît alors l'idéographisation, à savoir l'élaboration d'un ensemble de signes symboliques du signifié des mots (*ibid.*, p. 49).

Lorsque nous évoquons la fonction symbolique activée lors des processus de reconnaissance des signes idéographiques, nous faisons référence au concept de symbolisme, tel que le présentent Laplanche et Pontalis *in Vocabulaire de la psychanalyse*, à savoir :

> Au sens large, mode de représentation indirecte et figurée d'une idée, d'un conflit, d'un désir inconscient [...] On s'accorde à faire rentrer les symboles dans la catégorie des signes. [...] Quand on parle de symboles mathématiques ou de symboles linguistiques, toute référence à un « rapport naturel », à une quelconque correspondance analogique, est exclue (2002, p. 476).

Contrairement à l'écriture sumérienne, essentiellement axée sur la comptabilisation ainsi que sur la conservation des transactions commerciales, législatives et grammaticales, l'écriture égyptienne fut, dès ses débuts, utilisée pour représenter la langue parlée. Elle transcrivait des réalités abstraites et concrètes : hymnes religieux, inscriptions monumentales officielles ou privées, traités médicaux, actes administratifs et lettres, etc., et était constituée de trois types de signes : les pictogrammes, dessins stylisés représentant des objets ou des êtres, les phonogrammes représentant des sons, et enfin les déterminatifs indiquant à quelle catégorie appartenaient êtres et choses (Boulanger, 2003, p. 97 et suiv.).

À la différence du pictogramme, qui est monosémique et univoque, l'objet du monde représenté ne signifiant seulement que lui seul, l'idéogramme a une fonction polysémique, univoque ou plurivoque, suivant les cas ; ces dernières caractéristiques dépendent de la sophistication de l'idéogramme présenté. Afin de mieux expliciter ce dernier point, nous ferons appel à des idéogrammes utilisés en langue chinoise. Cette langue est composée de caractères simples qui ont une double fonction. D'une part ils signifient un objet spécifique et, d'autre part, ils prennent la fonction de clé sémantique servant à opérer des classifications par champ et en relation de contiguïté avec tel ou tel objet désigné.

Dans son ouvrage intitulé *Évolution de l'écriture chinoise, 500 exemples*, l'auteur Li Leyi, évoquant l'évolution des idéogrammes, mentionne ainsi : « La langue écrite des Han est l'une des plus anciennes de l'humanité. Son évolution s'étend sur une période de 5000 à 6000 ans. Aujourd'hui, environ un quart de la population mondiale utilise ce système » (1993, p. 1). Par ailleurs, cet auteur spécifie :

Les formes des caractères chinois ont subi de nombreuses transformations au cours des millénaires. [...] En outre, dès la naissance des caractères chinois, sont apparus beaucoup de caractères simplifiés qu'on appelle « su zi », « shou tou zi » etc. Ces mots sont inventés pour la facilité. Au cours du processus du développement de la langue écrite chinoise, on a assisté à un processus simultané de complication et de simplification des mots, la simplification représentant toutefois la tendance principale (*ibid.*, p. 1 et 2).

Les réflexions de cet auteur sont tout à fait ré-adaptables au fait scripturaire sur l'Internet ainsi que nous le présenterons au cours de notre propos. Pour revenir aux exemples idéographiques, cet auteur présente le lexème chinois « mù » (*ibid.*, p. 226) ; il correspond au signifié français « arbre » et est représenté ainsi :

木

Ainsi à partir de cet idéogramme simplifié, tous les lexèmes en relation de contiguïté à cet objet, ici l'arbre, incluront cette clé. Composé de plusieurs pictogrammes, l'ensemble peut représenter un concept, une idée. Ainsi « lin », qui signifie « forêt », est retranscrit sous la forme d'un double idéogramme représentant deux arbres (*ibid.*, p. 197).

林

À travers son ouvrage, Li Leyi présente la formation et l'évolution graphique de quelque cinq cents idéogrammes ; cette approche montre le passage de graphies de type pictographique à des graphies de type idéographique. Ainsi, par exemple, l'idéogramme chinois « béi », signifiant « coquillage », est passé du mode analogique, avec la représentation de l'objet « coquillage », au mode digital, avec une représentation stylisée et symbolisée du dit objet. Nous pouvons suivre, dans la figure 1, marge gauche, en page suivante, l'évolution diachronique de cette graphie (1993, p. 10).

Cet auteur donne de l'évolution idéographique de cet objet l'explication suivante : « [...]贝 est un coquillage. Le caractère ressemble à une coquille ouverte. Les hommes d'autrefois utilisaient les coquillages comme monnaie. C'est pourquoi les caractères chinois munis d'un radical 贝 évoquent souvent la richesse » (*ibid*, p. 10).

Le processus évolutif de cette graphie est présenté dans la figure suivante :

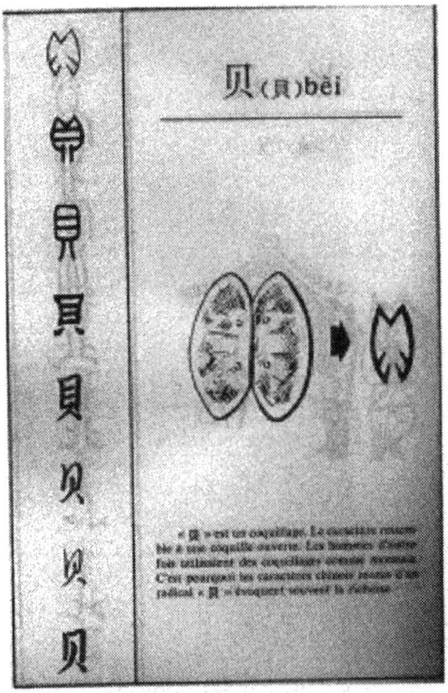

Figure 1 — Exemple d'évolution d'une graphie de type idéographique
Source : *Évolution de l'écriture chinoise, 500 exemples*
(Li Leyi, 1993, p. 10)

Ainsi, au vu des exemples présentés ci-dessus, il semblerait que le langage fonctionne en mode analogique, en début et en cours d'initialisation du code écrit, pour évoluer, ensuite, vers des systèmes graphiques plus complexes. Ces derniers, qui font appel à la fonction symbolique comme nous l'évoquions précédemment, vont permettre la mise en place du code écrit en mode digital ; c'est-à-dire qu'à un signe correspondra l'idée de l'objet, et non plus la représentation graphique de l'objet lui-même.

2.6 Présentation de ce nouveau code à partir d'exemples de type prescriptif et autopoïètique

L'outil scripturaire, à savoir le clavier, fait fonction, à la fois, de support des codes linguistiques et de média permettant la transcription et l'envoi des messages écrits. Ces derniers sont transcrits à partir de la combinaison des différents signes présentés sur la table de caractères figurant ci-dessous :

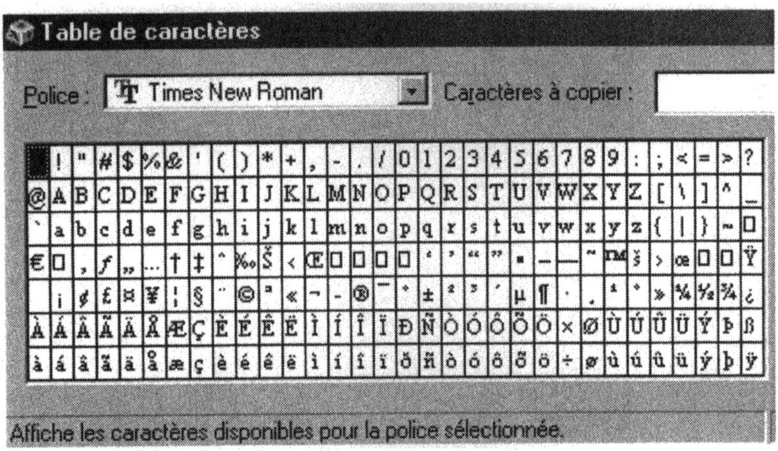

Figure 2 — Table des caractères pour la police Arial

Cette dernière présente les caractères alphanumériques existant dans l'alphabet latin, les signes de ponctuation ainsi que des logogrammes particuliers comme le §, @, etc. Ceci étant, nous évoquions précédemment, à travers l'ouvrage de Li Leyi, le double statut de certains symboles graphiques qui sont à la fois partie prenante du système graphique auquel ils appartiennent et clé ou radical de champs sémantiques. C'est ce même processus qui participe à la mise en place des graphies complexes, à partir d'un système de graphies simplifiées, sur le média Internet.

La légitimation de ces mêmes logogrammes simplifiés fait son apparition tant chez certains auteurs qu'au niveau des nouvelles versions du logiciel Windows ; elle s'accompagne bien souvent de recommandations de type prescriptif. Toutefois, avant d'aborder ce phénomène, interrogeons-nous sur ce à quoi réfère la prescription. Dans l'ouvrage intitulé *Dictionnaire didactique des langues*, plusieurs définitions nous sont proposées ; nous n'en retiendrons que l'acception prise en tant que norme et qui, selon cet ouvrage, « équivaut à la normalité c'est-à-dire à l'usage courant observé dans une communauté linguistique donnée » (1976, p. 377). Cet aspect normatif du pictogramme électronique est mentionné dans l'ouvrage du linguiste Anis :

> Les fameux « smileys » (en français du Québec « binettes », et en français de France officiel « frimousses ») remontent aux débuts des réseaux. Quand les débats ont commencé dans les « newsgroups » (forums), une phrase mal comprise pouvait provoquer des « flame wars », en bon français des engueulades, alors on pouvait ajouter un commentaire [...] Alors on fera comme ça : —). Il suffit d'avoir le cou souple, de tourner la tête un quart à gauche, et un peu d'imagination pour y voir ☺ (2001, p. 40).

Comme nous le soulignions précédemment, des logiciels comme Windows, notamment la version XP, prennent en compte cet état de fait. Ainsi, il suffit de créer ces petits pictogrammes à partir des signes diacritiques du clavier pour qu'ils se réalisent aussitôt sous la forme d'une petite figurine : un visage souriant, rédigé comme suit : —), apparaîtra sous la forme ☺, le même portant une expression de tristesse ou de dépit, soit : — (, prendra cet aspect ☹. Ce qui suggère que ces petits pictogrammes sont déjà pré-inscrits dans ce logiciel. Il s'agirait de l'écriture dite « intuitive » et que les trois opuscules *Dico SMS* présentent ainsi : « tapez les premières lettres d'un mot et votre écran affiche automatiquement les mots les plus pertinents commençant par la (ou les) même (s) lettre (s) » (2001, introduction). Ces mêmes ouvrages prescrivent ainsi l'utilisation des pictogrammes :

> Vous voulez l'embrasser, vous êtes triste ou bien en colère, vous voulez décrire votre nouvelle coiffure ou simplement vous amuser en communiquant... Bref, tout ce que vous avez l'habitude d'exprimer à l'aide de mimiques ou de la voix peut s'afficher sur votre écran grâce à de petits visages dessinés avec les caractères de votre clavier. Utilisez, par exemple, : pour les yeux, — pour le nez, < pour le chapeau [...] (2001, introduction).

Cette dernière mention réfère à la notion de clé sémantique que j'avais présentée précédemment, avec en exemple, les graphies chinoises. À cet effet, j'ai procédé à un relevé de clés qui, d'une part serviraient à la création de logogrammes complexes et, d'autre part, initialiseraient tel ou tel champ sémantique ; elles ont été répertoriées et classées en plusieurs groupes. Ces clés initialisent les pictogrammes, dits de base, car composés d'une graphie simple ; combinées ensemble, elles sont à l'origine des graphies plus complexes. Ces différents graphes sont présentés dans les tableaux synoptiques ci-dessous ; pour chacun d'eux, les icônes de base sont celles qui figurent dans la table des caractères de la version XP de Windows.

L'ensemble de cette compilation a été réalisé à partir de logogrammes collationnés sur les sites :

- http://www.freegaia.com/smil-objet.htm
- http://www.chez.com/smileys/

Enfin, certains sont la création de Schwartz (Ys2500@Aol. Com) ou proviennent de l'ouvrage de l'auteur Anis : *Parlez-vous texto ?* ainsi que des trois opuscules dénommés *Dico SMS*. Chaque clé repérée sera listée et suivie du champ sémantique qu'elle initialise.

Ainsi, le champ sémantique des expressions du visage présente plusieurs clés qui initialisent respectivement le regard, la bouche et le nez comme nous pouvons le voir dans le tableau synoptique ci-dessous :

Yeux			
: yeux ouverts	; clin d'œil	‘ sourcil gauche	, sourcil droit
Mimiques expressives de la bouche			
) sourire	(moue	! indifférence	< déception
> sarcasme	o surprise	X bouche cousue	} rouge à lèvres
P langue tirée	~ rhume ou bave	# bouche cousue	O rire

Tableau 6 — Champ sémantique des expressions du visage

Le champ sémantique des accessoires propose plusieurs groupes d'objets tels que les lunettes, la perruque, la moustache, la chevelure, les couvre-chefs, la denture, tout ce qui touche aux objets dédiés aux fumeurs, ainsi que divers autres objets.

Lunettes			
8 lunettes simples	**B** lunettes monture écaille	**:** lunettes très simples	, sourcil droit
Perruque, moustache ou chevelure			
{ moustache	**X** chevelure	**8** chevelure	||| chevelure

@@@ chevelure	\V\V chevelure	(perruque	~~ chevelure
Denture			
# appareil dentaire	[dents de vampire	**E** canines de vampire	**F** canine de vampire
Cigarette et pipe			
Q fumer	**?** pipe	' chique	
Couvre-chefs			
*< père Noël	< chapeau pointu	* pompon	**C =** toque cuisinier
Champ sémantique des objets : icônes de base			
(_) ? Café	[_] thé	**< 3** cœur	@@>-- fleur/rose

Tableau 7 — Pictogrammes à une icône et plus

Dans le champ sémantique couvrant ce qui touche au genre sexuel, nous trouvons différentes organisations de logogrammes comme ceux présentés ci-dessous.

8 petite fille	>- femme	:- homme	(o) (o) des seins parfaits
(+)(+) des seins siliconés	(*)(*) des seins effrontés	(@)(@) de gros mamelons	**oo** des petits seins
{O}{O} des gros seins	**(oyo)** seins avec soutien-gorge	(^) (^) seins frileux	**(o) (O)** seins dissymétriques
(Q) (O) seins avec « piercing »	**(p) (p)** seins avec soutien-gorge	\o/\o/ seins de grand-mère	(-) (-) seins posés contre la porte de la douche

Tableau 8 — Attribut ou statut sexuel

La présentation du champ sémantique d'un état émotionnel ou de concepts aussi abstraits que la mort ou la religion font aussi l'objet de réécriture pictographique.

xxxxx baisers	~ feu ou rhume	+ autorité religieuse	I sommeil
' larme	**X** suicide	x mort	**{{{Jo}}}** accolade

Tableau 9 — États émotionnels et concepts

Finalement, nous pouvons faire le constat suivant :

- ce fait autopoïètique est à l'origine de la mise en place de pictogrammes à modalité prescriptive. En effet, l'utilisation de ces graphies fait l'objet de conseils émanant, d'une part de nombreux internautes qui les proposent aux usagers par le biais de sites personnels et, d'autre part, d'ouvrages comme les *Dico SMS* déjà cités ;
- ces logogrammes peuvent également jouer le rôle de radicaux puisqu'ils subsument tel ou tel champ sémantique. *A fortiori*, un logogramme complexe pourrait être décrypté à partir des radicaux qui le composent ;
- les graphies simplifiées sont univoques et monosémiques ;
- enfin, ces pictogrammes ponctuent le discours linguistique, puisqu'ils pallient l'impossibilité de l'échange paraverbal et non verbal mis en place lors des conversations usuelles réalisées dans la société civile.

Dans leur version complexifiée, la lecture de ces pictogrammes demande le recours à une légende. Habituellement, leurs créateurs mettent en regard un petit texte explicatif. Sans ce dernier, ces logogrammes seraient hermétiques au néophyte. J'ai répertorié plusieurs séries de logogrammes complexes : ils sont composés de trois à six icônes et plus, et forment ainsi de petits discours. Présentés dans les tableaux synoptiques ci-dessous, il leur est associé une légende explicative.

:-) Sourire	:- (Tristesse/perplexité	;-) Clin d'œil
:- ! Indifférence	:- > Sourire sarcastique	(- : L'utilisateur est gaucher
%-) L'utilisateur est fatigué	:*) L'utilisateur est ivre	[:] L'utilisateur est un robot
8-) L'utilisateur porte des lunettes de soleil	**B-)** L'utilisateur porte des lunettes à monture d'écailles	:- [L'utilisateur est un vampire
:-E L'utilisateur a des canines de vampire	**:-F** L'utilisateur est un vampire avec une canine manquante	:-7 L'utilisateur plaisante
:-* L'utilisateur vient de manger quelque chose d'acide	:-@ L'utilisateur hurle	:-# L'utilisateur porte un appareil dentaire
:^) L'utilisateur a le nez cassé	:v) L'utilisateur a le nez cassé et de travers	:_) Le nez de l'utilisateur est en train de glisser
:<) L'utilisateur sort d'une grande école	:- & L'utilisateur ne sait pas quoi dire	:=) L'utilisateur a deux nez
!-| L'utilisateur s'est endormi	**!-o** L'utilisateur baille	**:-Q** L'utilisateur fume
:- ? L'utilisateur fume la pipe	**o-)** L'utilisateur porte un tuba	**o :'** L'utilisateur crache sa chique

:-s L'utilisateur fait une plaisanterie incohérente	:-D L'utilisateur se moque de vous	:-X L'utilisateur est muet
:-c L'utilisateur est ennuyé	:-/ L'utilisateur est sceptique	:-o L'utilisateur est surpris
3 : [Animal domestique	3 : E Animal domestique méchant	d8 = Castor portant des lunettes
:-9 L'utilisateur se lèche les lèvres	%-6 L'utilisateur est cliniquement mort	(:! L'utilisateur est stupide
k : p L'utilisateur est un gamin avec un moulin à vent	:-o L'utilisateur est silencieux	:- : L'utilisateur a un sourire rentré
.-) L'utilisateur a un seul œil	'-) mais il fait un clin œil	x- (Suicide sur le net

Tableau 10 — Pictogrammes composés de trois icônes

>- : > L'utilisateur fait une remarque diabolique	> ;- > Remarque diabolique et méchante	B :-) L'utilisateur porte des lunettes de soleil
::-) L'utilisateur porte des lunettes ordinaires	8 :-) L'utilisateur est une petite fille	:-{) L'utilisateur porte une moustache
:-{} L'utilisateur met du rouge à lèvres	{:-) L'utilisateur porte une perruque	}:- (L'utilisateur a enlevé sa perruque
:-)~ L'utilisateur bave	:-~) L'utilisateur est enrhumé	:'- (L'utilisateur pleure
:'-) L'utilisateur pleure de bonheur	=:-) L'utilisateur a un bas sur la tête	- :-) L'utilisateur est un punk

- :- (L'utilisateur est un véritable punk qui ne sourit jamais	**':-)** L'utilisateur s'est rasé un sourcil	**,:-)** L'utilisateur s'est rasé l'autre sourcil
o :-) L'utilisateur est un ange	**< !-)** L'utilisateur est chinois	**(8-o** C'est Mr Bill
***: o)** C'est Bozo le clown	**[:-)** L'utilisateur porte un baladeur	**< :- !** L'utilisateur est un cancre
@:-) L'utilisateur porte un turban	**8 :-)** L'utilisateur est un as	**o !-)** La religion par le net

Tableau 11 — Pictogrammes composés de quatre icônes

:-)-8 L'utilisateur est une femme	**+- :-)** L'utilisateur est le pape ou une autorité religieuse	**c = :-)** L'utilisateur est cuisinier
***< :-)** L'utilisateur porte un chapeau de père Noël	**E- :-)** L'utilisateur est radioamateur	**~~ :- (** Internet est en train de brûler
@@>-- Envoi d'une rose	**E- :- !** Station de radioamateur	

Tableau 12 — Pictogrammes composés de cinq icônes

- = *:-) L'utilisateur est Texan	**{{{nom}}}** Accolade	**xxxxxxx** Baisers

Tableau 13 — Pictogrammes composés de six icônes et plus

L'analyse de l'ensemble de ces logogrammes met en relief l'existence de clés ou radicaux. Dans les séries qui mettent en scène « l'utilisateur », à savoir un sujet humain, cette clé récurrente correspond à la double ponctuation, c'est-à-dire les deux points, ce qui correspond à l'expression des yeux sans lesquels ces petits visages (binettes, frimousses ou smileys) perdent leur signification. Ce langage semble donc être porteur d'un certain nombre de particularités : si ses graphies complexes sont le fruit de l'autopoïèse, ses graphies simplifiées tendent à la normalisation. Ces pictogrammes servent aussi le jeu poétique ; ainsi les logogrammes suivants sont-ils proches de la forme de poésie appelée calligramme ; nous les mettrons en vis à vis avec un écrit d'Apollinaire (figure 2 en page 96).

<table>
<tr><td>@}------
fleur</td><td>@--,--'--
rose</td><td>[^{0}@"]
appareil photo</td><td>: ^) ^{0}O > []
bonhom-me de neige</td><td>(:|)(^{000})
bonhom-me de neige</td><td>> []
TV</td></tr>
</table>

Tableau 14 — Présentation d'une série de logogrammes complexes

Douces figures poignardées Chères lèvres fleuries
MIA MAREYE
YETTE LORIE
ANNIE et toi MARIE
où êtes-
vous ô
jeunes filles
MAIS
près d'un
jet d'eau qui
pleure et qui prie
cette colombe s'extasie

Tous les souvenirs de naguère
O mes amis partis en guerre
Jaillissent vers le firmament
Et vos regards en l'eau dormant
Meurent mélancoliquement
Où sont-ils Braque et Max Jacob
Derain aux yeux gris comme l'aube
Où sont Raynal Billy Dalize
Dont les noms se mélancolisent
Comme des pas dans une église
Où est Cremnitz qui s'engagea
Peut-être sont-ils morts déjà
De souvenirs mon âme est pleine
Le jet d'eau pleure sur ma peine

CEUX QUI SONT PARTIS A LA GUERRE AU NORD SE BATTENT MAINTENANT
Le soir tombe O sanglante mer
Jardins où saigne abondamment le laurier rose fleur guerrière

Figure 3 — Le célèbre calligramme d'Apollinaire — La colombe poignardée et le jet d'eau (Calligrammes, 1917)

Finalement, nous nous questionnerons au sujet de l'incidence d'une telle particularité langagière sur le fait communicationnel lui-même. Ajoutons également que ces graphies, tout en se substituant au langage non verbal et para verbal, ne remplacent pas le code langagier en usage sur l'Internet. Enfin, le support technologique à partir duquel est construit ce langage, ouvre l'utilisation de ce dernier tant sur le téléphone portable que sur l'Internet. Comme nous l'avons constaté, à partir des différents corpus compilés et analysés, les langages utilisés dans les salles de conversation sur l'Internet sont, d'une part de nature linguistique avec un langage remanié pour des besoins d'économie et d'expressivité, d'autre part, de nature paralinguistique avec l'utilisation de différents logogrammes censés pallier les manifestations émotives exprimées habituellement par les mimiques faciales. Mais l'utilisation des mêmes codes linguistiques par une population donnée, ne générerait-t-elle pas une culture commune ? Pour revenir à l'objet de cet ouvrage, ce nouveau langage émergeant sur l'Internet, ne participerait-il pas à une manière de culture mondiale qui permettrait ainsi de pallier le problème de l'incommunicabilité dû aux différentes langues en présence ? Ces spécificités langagières, ne seront-elles pas à l'origine d'échanges interactionnels différents de ceux initialisés dans « le monde réel » ?

CHAPITRE III

CODIFICATION ET NORMALISATION DES TERMES ET EXPRESSIONS DE L'INTERNET

Bien que l'apparition des nouveaux termes et expressions en usage sur l'Internet se réalise à partir d'objets codifiés déjà existants : symboles alphanumériques, caractères diacritiques et pictogrammes (arobase, etc.), ils ne sont pas normalisés pour autant. Dans le cadre d'une évolution qui les conduirait à une codification tendant vers la durabilité, puis à leur normalisation, elles participeraient : « [des] nouvelles stratégies de communication [...] constituées par la juxtaposition de ces deux ensembles de formes discursives, qui traduisent non seulement l'appartenance à un groupe, mais également l'adhésion à un ensemble de valeurs » (Gumperz, 1989, p. 12). Par ailleurs, cette « adhésion à un ensemble de valeurs » est corrélée au code dans lequel ces valeurs sont signifiées. À ce propos, Eco *in Le signe* spécifie ainsi : « L'idée de code repose sur le fait que la personne qui communique dispose d'un répertoire de symboles donnés, parmi lesquels elle choisit ceux qu'elle va combiner, en suivant certaines règles » (1988, p. 103). Nous avions ainsi repéré plusieurs types de code en usage sur l'Internet :

- un code linguistique qui évacue le français normé au profit d'une langue française réinventée et redéfinie ;
- des acronymes dont la codification s'officialise et qui deviennent lexèmes à part entière ;
- des néologismes créés par la communauté des usagers de l'Internet et qui tendent aussi vers la normalisation ;
- une iconographie en élaboration : certains logogrammes de base sont incontournables du « nouveau parler » numérique.

Avec ce nouveau langage, nous assistons à un détournement de praxis langagières liées à l'usage de la ponctuation. Si les signes diacritiques correspondent à

[L']ensemble des signes visuels d'organisation et de présentation accompagnant le texte écrit, intérieurs au texte et communs au manuscrit et à l'imprimé ; la ponctuation comprend plusieurs classes de signes graphiques discrets et formant système, complétant ou suppléant l'information alphabétique. [...] La plupart des ponctèmes ont une fonction séparatrice et organisatrice (Catach, 1980, p. 21).

Dans le cadre de l'Internet, ces mêmes pictogrammes, considérés seuls, ont valeur de clés ou radicaux de champs sémantiques ; agrégés, ils forment de nouveaux logogrammes dont la signification n'a plus rien à voir avec l'usage et le sens qu'ils avaient en qualité de ponctèmes.

3.1 La codification et la normalisation des termes ou expressions désignant les pictogrammes électroniques

La codification du terme recouvrant l'objet que nous avons dénommé, dans ce présent texte, « pictogramme électronique », a fait l'objet de normalisations officielles que ce soit en France ou dans la province du Québec, [Canada][18]. En France, le décret du 16 mars 1999, paru dans le Journal Officiel, (*cf.* Martin, 2005, annexe E, en page 574), et consultable sur le site http://admi.net/jo/index.phtml, préconise l'usage du terme « frimousse ». Il a été mis en place par la Commission générale de terminologie et de néologie et il est ainsi présenté sur le site du Ministère de

[18] La province du Québec n'est pas mentionnée par hasard. A travers les nombreux voyages effectués dans « la Belle Province », j'ai constaté que la langue française a eu des fortunes diverses de part et d'autre de l'Atlantique ; au XVIIe siècle, ces évolutions différentes de la langue française d'un pays à l'autre étaient somme toute explicable par la rareté et la dangerosité des voyages sur l'Atlantique, mais elles se manifestent encore de nos jours, entre autres, en ce qui concerne la terminologie corrélée à la société numérique.

l'éducation nationale, de l'enseignement supérieur et de la recherche :

Frimousse : n. f. fam. **Domaine** : Informatique/Internet. **Définition** : Dans un message, association facétieuse de quelques caractères typographiques qui évoquent un visage expressif. **Note** : - les deux frimousses les plus connues sont : -) pour la bonne humeur et : — (pour le dépit, où les deux points représentent les yeux, le trait représente le nez et les parenthèses la bouche ; - le terme « binette » est recommandé au Québec. « Frimousse » doit être préféré à « binette ». **Équivalent étranger** : emoticon, smiley.

Tableau 15 — Vocabulaire de l'informatique et de l'Internet — Liste du 16-3-1999. J.O du 16-3-1999 - NOR : CTNX9903444K — RLR : 104-7

Source : http://www.education.gouv.fr/bo/1999/14/encart.htm

Pour le terme équivalent, l'Office de la Langue Française (OLF), qui gère la politique linguistique francophone du Québec, préconise l'expression suivante :

Anglais : smiley. **Synonyme (s)** : emoticon, smiley, face, smilie, face. **Variante (s) orthographique (s)** : smilie. **Français** : binette n. f., recommandé par l'Office de la Langue Française. Dessin réalisé avec des caractères ASCII et qui, vu de côté, suggère la forme d'un visage dont l'expression traduit l'état d'esprit de l'internaute expéditeur. **Note (s) :** Le terme « binette », extension de sens d'un mot existant, a été proposé par l'Office de la Langue Française du Québec comme équivalent de « smiley » (1995). Le terme « émoticône » n'a pas été retenu à cause de son manque de précision, puisqu'une binette n'est pas une icône, au sens reconnu en informatique à ce terme. Comme une binette peut suggérer des expressions variées autres que le sourire, les termes « souriant » et « souriard », calques de l'anglais « smiley », n'ont pas été retenus non plus. Le terme « frimousse » a été adopté par la Commission générale de terminologie et de néologie de France en 1999. En reprenant globalement l'idée véhiculée par le terme « binette », ainsi que sa connotation et son niveau de langue, il vient concurrencer inutilement ce dernier, favorablement accueilli par les locuteurs depuis 1995, à mesure qu'il a été connu. Les termes « trombine », « tronche », « bouille » et « bonhomme sourire », qui sont parfois associés à cette notion, viennent aussi concurrencer inutilement le terme « binette », consacré par l'usage, notamment au Québec. **Terme (s) à éviter** : émoticône, souriant, souriard.

Tableau 16 — Vocabulaire de l'informatique et de l'Internet

Source :
http://www.oqlf.gouv.qc.ca/ressources/bibliotheque/dictionnaires/Internet/fiches/1299153.html

Néanmoins, de la terminologie officielle ou de l'usage, quelles sont les praxis linguistiques initialisées par les utilisateurs sur l'Internet ? La terminologie, dans le monde du numérique, se met en place comme suit : le webmestre[19] procède à l'indexation des mots clés sur des moteurs de recherche cependant que le choix des occurrences, plus ou moins en vogue sur le Web, est directement corrélé à l'usage que les internautes font du lexique. Afin de mieux cerner la problématique posée par l'usage ou le non-usage de la terminologie préconisée par les organismes officiels, et celle en cours sur l'Internet, j'ai effectué une analyse comparative des termes indexés sur différents moteurs de recherche en place sur ce média (documents de référence : Martin, 2005, annexe D, page 564). Les termes en lice étaient « frimousse », « binette » et « smiley ». Cette étude a été initialisée à partir du nombre d'occurrences trouvé pour chacune de ces expressions sur les moteurs de recherche les plus utilisés en 2002, époque à laquelle est intervenue cette

[19] Bien que la Commission Générale de terminologie et de néologie de France ait adopté les termes de « administrateur de site » et de « administrateur de serveur » pour prendre le pas sur « l'anglo-morphosyntaxie » galopante, ces terminologies restent marginales au niveau de leur usage (*Cf.* Martin, 2005, annexe E, p. 574, in Journal officiel du 16 mars 1999). L'Office de la Langue Française au Québec recommande l'usage de « webmestre » en référence à l'ancien mot français « mestre », signifiant « maître », et dont on retrouve l'usage dans les pays francophones belge et suisse avec le terme « vaguemestre ». Les premières occurrences de ce terme sont attestées dès 1825. Cette terminologie courte et épicène offre l'avantage de procéder à l'économie de langage avec deux syllabes en place des huit de la terminologie française préconisée. Le néologisme « webmestre » est porteur de modernité avec sa racine « web » et de tradition avec son suffixe « mestre ». Proulx, dont l'ouvrage a été édité au Québec, en donne la définition suivante : « Personne chargée de l'entretien et de l'administration générale d'un site Web » (2004, p. 32).

analyse ; ces moteurs étaient : ALTAVISTA, LYCOS, MSN et TROUVEZ. J'ai ainsi pu mettre en évidence le fait que la pertinence sémantique, à travers les définitions proposées, d'une part par les organismes officiels et, d'autre part, par ces moteurs, n'était pas synchrone.

Ainsi aucune apparition du terme officialisé « frimousse », et tel qu'il est défini par le Journal Officiel, soit « dans un message, association facétieuse de quelques caractères typographiques qui évoquent un visage expressif » (J.O du 16-3-1999), n'est recensée sur les moteurs de recherche précités. Pour chacun des quatre moteurs présentés ci-dessus, j'avais pris les quatre premières réponses affichées, ce qui totalise un ensemble de 16 propositions pour cette expression.

Les résultats présentés pour la recherche du terme « binette », retenu par l'Office de la Langue Française (OLF) au Québec, montrent que la distribution de la pertinence sémantique de cette expression est présentée comme suit :

- sur ALTAVISTA, nous obtenons trois résultats en relation avec la définition préconisée par l'OLF. Par contre, la quatrième signification affichée de ce terme, réfère au champ sémantique du jardinage ;
- trois résultats pertinents de LYCOS pour « binette », le quatrième n'étant pas significatif ;
- quatre résultats pertinents sur quatre réponses pour le terme « binette » cherché sur le moteur MSN ;
- sur quatre résultats, provenant de TROUVEZ pour le terme « binette », trois seulement sont pertinents, le quatrième réfère à un outil de jardinage (Martin, 2005, annexe D, p. 564).

En revanche, l'occurrence anglophone « smiley », synonyme des termes « frimousse » et « binette », est reconnue avec des degrés de pertinence variables d'un moteur à l'autre. Ainsi :

- sur quatre résultats provenant d'ALTAVISTA, un seul est pertinent pour la définition de ce terme ;
- le moteur LYCOS a abouti sur des sites anglophones, ainsi quatre résultats sur quatre sont pertinents pour la définition de « smiley » ;
- sur quatre résultats obtenus pour le terme de « smiley », trois sont pertinents sur MSN ;
- sur quatre résultats obtenus pour le terme « smiley », nous n'obtenons qu'une seule réponse pertinente sur le moteur TROUVEZ.

Malgré l'officialisation de la terminologie relative aux pictogrammes électroniques, les internautes semblent privilégier la terminologie anglophone : 10 occurrences sur 16 sont ainsi proposées par les quatre moteurs de recherche. En revanche, la terminologie officielle proposée par les organismes gouvernementaux français et québécois, se traduit par des résultats très divergents : le terme « frimousse » n'a été reconnu par aucun des moteurs sur lesquels j'avais fait des demandes de recherche, par contre, le terme « binette » a été affiché, par ces mêmes moteurs, dans les proportions de 13 occurrences sur 16. Ce résultat subodorerait que l'Office de la Langue Française au Québec a analysé et pris en compte les attentes potentielles ou réelles des internautes. Force est de constater qu'il existe une manière de dichotomie entre l'officialisation d'un terme et son usage lexical. Afin d'exemplifier ce propos, je citerai Proulx dans son évocation des échanges communicationnels sur Internet. Cet auteur ne prend pas en compte les expressions de « frimousse » ni celle de « binette », préconisées respectivement par le Journal

Officiel [France] et par l'OLF [Québec], mais il parle de « l'usage d'émoticônes, utilisation créatrice de signes de ponctuation qui évoquent graphiquement une figure » (2004, p. 91). En effet, les expressions « smileys » ou « emoticons » sont reconnues, la plupart du temps, par les moteurs de recherche, alors qu'aucune normalisation officielle n'est intervenue. Cet état de fait accréditerait la thèse d'un anglo-américain fortement prégnant sur le réseau Internet.

Se situant en marge des organisations officielles, plusieurs sites proposent des dictionnaires de termes nouveaux en usage sur l'Internet. Il semble que les rapports particuliers qu'engendre ce type de média, abolissent les divers rôles dont sont investis les différents acteurs sociaux. Le fonctionnement traditionnel, dans lesquels les rôles sont hiérarchisés et les espaces personnels délimités, n'est pas actualisé sur le réseau Internet : le tutoiement y est de rigueur, la hiérarchie n'existe pas, et la valeur de tel ou tel internaute réside plus dans son habileté à utiliser le réseau que dans la place qu'il occupe socialement hors Internet. Ceci expliquerait la volonté de certains utilisateurs de créer des listes taxinomiques, tout en s'investissant d'un rôle normatif et prescriptif, alors que ces fonctions sont habituellement dévolues aux institutions officielles. Ces relevés lexicaux tiennent, à la fois, de l'amateurisme, puisque leur mise en place est purement individuelle, mais affichent aussi un savoir-faire certain, car ces documents ont été créés par des « personnes-ressources » mettant leur compétence et leur connaissance à la disposition de l'ensemble des usagers de l'Internet. Ainsi, le *Dictionnaire de l'informatique et d'internet*, dénommé dicofr.com, accessible par le lien : http://www.dicofr.com/, propose 4 149 entrées dictionnairiques. Dans l'éditorial, l'auteur explique ainsi sa démarche :

Le monde de l'informatique est sûrement l'un des milieux qui évolue le plus vite, et c'est pour vous aider à vous y retrouver que nous avons regroupé sur un même site plusieurs milliers de définitions. Toujours dans le souci de vous aider, vous avez désormais la possibilité de nous poser vos questions dans le forum spécialement mis en place à cet effet.
(Eric Goguey ® 1999-2005 — DicoFR. com)

Géré par le même auteur, le site *Dicorama*, accessible par le lien http://www.dicorama.com/, se définit comme étant à la fois : « un annuaire des dictionnaires disponibles sur Internet et un moteur de recherche vous permettant de chercher un terme dans plus de 966 dictionnaires (6 081 414 termes indexés) ».

Le site dénommé Le Jargon Français propose un *Dictionnaire d'informatique francophone* dont les rubriques sont rédigées par un groupe d'informaticiens. Enfin, un dictionnaire en ligne « sur les e-technologies », dit « collaboratif », « recouvre des domaines aussi variés que : le référencement, la mesure d'audience, l'hébergement de sites, la création de sites web, le développement de logiciels, le moteur Google, DMOZ, les weblogs, les noms de domaine, les normes d'Internet, l'e-Marketing et l'e-Commerce ». Cette compilation d'objets appartenant au domaine de l'Internet a été mise en place par des informaticiens et des « internautes volontaires ». Ainsi, l'équipe à l'origine de ce relevé taxinomique est présentée sur la page d'accueil avec sa fiche signalétique. Sur cette dernière, on note que tous les intervenants appartiennent au secteur d'activité de l'informatique :

Olivier Duffez (Web Rank Expert), consultant en référencement Google http://www.agentwebranking.com/— Antoine Chiarelli et Fabien Faceries, Agent Web Ranking.

Il est, par ailleurs, mentionné sur ce site que :

Le Dico du Net vous offre la possibilité de proposer la définition d'une expression, d'un mot ou d'un sigle. Celle-ci est ensuite soumise à des experts pour approbation. Si elle est retenue, elle est publiée. Toute définition peut être complétée par vos commentaires en suivant la même procédure. Chaque définition (et commentaire) contient les références de son auteur et enrichit ainsi notre culture commune (http://www.dicodunet.com/).

La prise en charge de la normalisation du langage par des usagers du Web, non habilités à le faire officiellement, fait partie des particularités de cette société virtuelle[20].

Le site dénommé Le Dico du net a mis en place une rubrique alphabétique dénommée « définitions » ; elle offre à tout internaute, se sentant investi d'une mission de néologiste, la possibilité d'apporter des définitions à des termes proposés par d'autres usagers. L'exemple suivant, illustre cette mise aux normes de la langue de l'Internet, hors circuit officiel. Ainsi pour le terme « vortail » proposé par un utilisateur, les créateurs de ce site présentent comme suit l'appel à contribution : « Voici des termes qui ne sont pas encore définis dans le Dico du Net, et que des internautes aimeraient voir définis. Si vous souhaitez participer au Dico du Net, vous pouvez proposer la définition d'un terme en cliquant

[20] Le site Wikipedia propose à tout internaute d'enrichir et de compléter une encyclopédie en ligne comprenant un grand nombre d'entrées. *Cf.* http : www.wikipedia.com

dessus. Merci d'avance pour votre contribution ! » (http://www.dicodunet.com/definitions/v.htm).

À travers cette étude, c'est bien le rôle social même des usagers de l'Internet qui est redéfini, et à ce propos, Proulx souligne que : « la deuxième modalité de communication avec Internet met en valeur la facilité avec laquelle un internaute même novice, et par ailleurs socialement anonyme, peut publier à l'échelle de la planète une page personnelle » (2004, p. 38).

En ce qui concerne les caractères spéciaux pris en charge dans le cadre de la normalisation officielle, nous mentionnerons l'arobase : @ ; il est appelé diversement d'un site web à l'autre. Cependant, le Journal Officiel préconise les dénominations suivantes :

Terme : arrobe, n.f.
Domaine : télécommunications, informatique.
Sous-domaine : Internet.
Synonyme : arrobase, n.f.
Définition : Caractère @ fréquemment employé dans les adresses de courrier électronique pour séparer le nom identifiant l'utilisateur de celui du gestionnaire de la messagerie.

- @ est à l'origine le symbole de l'arroba (de l'arabe ar-roub, le « quart »), ancienne unité de capacité de poids espagnole et portugaise ;
- ce signe est également utilisé dans les langues anglo-saxonnes, dans les formules telles que « tant de tel article @ tant l'unité ». Dans ces emplois, il est appelé « a commercial », et son tracé, identique à celui de l'arroba, résulterait de la ligature de l'accent grave avec le « a » de la préposition française « à », autrefois d'usage courant dans le commerce international. Lorsqu'une adresse est fournie oralement, @ se dit « arrobe » alors qu'il se dit « at » en anglais.

Équivalent étranger : at-sign (en).
Fiche : INFO597, publiée le 8 décembre 2002 par la Commission générale de terminologie et de néologie, commission de l'informatique et des composants électroniques, sous-domaine Internet.

Tableau 17 — Vocabulaire d'Internet : arobase
http://www.culture.gouv.fr : 8895/owa_dgpb/plsql/rechercher.frame_res_fiches

Ainsi, ce logogramme a subi divers déplacements métonymiques, générés par des praxis qui lui étaient corrélées : d'ancienne unité de mesure, il est devenu un signe opérateur en usage dans les sociétés anglo-saxonnes et utilisé dans les transactions commerciales. Cependant, au moment de l'apparition des claviers informatiques, ce symbole n'avait plus de contenu sémantique, et c'est précisément grâce à cette absence de signification dans le langage courant, qu'il fut utilisé par les informaticiens comme marqueur logique, et inséré dans les caractères informatiques standards (ASCII). Aussi, Ray Tomlinson, un informaticien américain, a choisi en 1971, l'arobase, pour indiquer la localisation des boîtes

aux lettres de courrier électronique
(*cf.* http://www.arobase.org/culture/histoire.htm).
Depuis, cette graphie est devenue le symbole incontournable du courrier électronique sur l'Internet.

3.2 La codification et la normalisation des néologismes en cours sur l'Internet

Nombre de néologismes, qui ne sont pas encore répertoriés ni normalisés par les instances officielles, apparaissent sur l'Internet. Ces expressions se pérennisent peu à peu et certains auteurs les citent dans leurs ouvrages et glossaires. Nous retiendrons une série de termes nouveaux dont la mise en place est effectuée comme suit : le terme d'origine subit une troncation et la partie restante devient la racine de ce néologisme ; il y est ajouté le suffixe « ciel » ou « iel » correspondant à la dernière syllabe des termes logiciel et progiciel. La consultation dictionnairique nous propose pour le terme « progiciel » l'étymologie suivante : de produit et logiciel (*Le Robert pour tous*, 1995, p. 903). Par ailleurs, Proulx *in La révolution Internet en question*, dans la partie dénommée « glossaire », cite les deux termes suivants composés avec le suffixe « iel » :

- **collecticiel** (groupware) : application logicielle destinée à favoriser le travail en groupe ;

- **pourriel** (spam) : messages non sollicités envoyés à une liste d'adresses d'internautes.

Pour sa part, la Commission générale de terminologie et de néologie (France) ne propose que le terme « courriel », qu'elle définit comme suit :

Courriel : n. m. **Domaine** : Télécommunications-Informatique. **Synonyme** : courrier électronique, message électronique. **Définition** : Document informatisé qu'un utilisateur saisit, envoie ou consulte en différé par l'intermédiaire d'un réseau. Note : 1. Un courriel contient le plus souvent un texte auquel peuvent être joints d'autres textes, des images ou des sons. 2. Par extension, le terme « courriel » et son synonyme « courrier électronique » sont employés au sens de « messagerie électronique ». Équivalent étranger : e-mail, electronic mail. **Attention** : Ce terme annule et remplace « courrier électronique » publié au Journal officiel du 2 décembre 1997.

Tableau 18 — Vocabulaire d'Internet : courriel

http ://www.culture.gouv.fr :
8895/owa_dgpb/plsql/rechercher.frame_res_fiches

Il semblerait que l'usage linguistique des internautes ait eu un certain poids quant au choix initialisé par l'Office de la Langue Française du Québec. En effet, ce terme est attesté, dès 1997, avec une entrée *in Multi-dictionnaire de la langue française*. L'auteur en donne la définition suivante : « courrier dont l'acheminement se fait exclusivement par l'utilisation de systèmes électroniques reliés entre eux. Un message transmis par courrier électronique, par courriel » (de Villers, p. 368). L'Office de la Langue Française du Québec (OLF) en présente une définition un peu plus élaborée :

Anglais : electronic mail. Synonyme (s) : e-mail, email.
Français : courrier électronique - n. m. — recommandé par l'Office de la Langue Française. Service de correspondance qui permet l'échange de messages électroniques, à travers un réseau informatique. **Note (s)** : Bien qu'il soit possible d'implanter un service de courrier électronique dans de petits réseaux informatiques, cette ressource, actuellement, est exploitée surtout dans le contexte du réseau Internet, dont elle est l'une des applications les plus populaires. Par extension, on utilise aussi les termes « courrier électronique » et « courriel » pour désigner le message lui-même. Dans un contexte plus large de télécommunication impliquant voix, données et images, « messagerie électronique » est un terme générique qui a donné naissance à plusieurs dérivés (« messagerie vocale », « radiomessagerie », « messagerie sans fil », etc.). Par ailleurs, dans un contexte strict de courrier électronique, « messagerie électronique » et « courrier électronique » sont considérés dans l'usage comme des synonymes. Le terme « messagerie Internet » est plus spécifique, car il ne s'applique qu'au seul réseau Internet. Les formes abrégées « C. élec. », « CÉ » et « Mél. » ne sont pas considérées à proprement parler comme des termes, mais plutôt comme des symboles non prononçables (au même titre que « Tél. » pour « téléphone ») utilisables devant une adresse de courrier électronique pour signaler sa présence, sur une carte professionnelle ou du papier à lettres. L'abréviation « Mél. » a été adoptée par la Commission générale de terminologie et de néologie de France. Or, malgré la mise en garde de cette commission stipulant que l'abréviation « Mél. » ne doit pas être utilisée comme substantif, on rencontre régulièrement le dérivé « mél » avec le sens de « courrier électronique ». On constate en effet que les similitudes phonétiques que partagent « Mél. » et « e-mail » influencent les utilisateurs qui attribuent automatiquement à l'abréviation « Mél. » la fonction du substantif anglais. Pour plusieurs raisons dont la non-conformité au génie de la langue française (le suffixe **-iél** n'existe pas en français), la prononciation difficile, la concurrence inutile avec le terme « courriel » (déjà très répandu) et notre choix d'une simplification orthographique, nous ne recommandons pas la graphie accentuée « courriél ». **Synonyme (s)** : courriel, n. m. — messagerie électronique n. f. **Entrée (s) additionnelle (s)** : messagerie Internet n. f. **Abréviation (s)** : **C. élec.** n. m. — **CÉ** n. m.

Tableau 19 — Vocabulaire d'Internet : e-mail

http://www.olf.gouv.qc.ca/ressources/bibliotheque/dictionnaires/Internet/fiches/1299117.html
Banque de terminologie du Québec.

Cet organisme présente sur son site une nomenclature des nouveaux termes ayant fait l'objet d'avis officiels de recommandation. Ils figurent sous la rubrique dénommée « Vocabulaire d'Internet » : on y trouve le texte intégral de ces avis avec les définitions des termes et les notes qui s'y rattachent. Par ailleurs, les terminologues de l'OLF le tiennent à jour et l'enrichissent régulièrement comme nous pouvons le voir dans l'article suivant, paru sur Internet en juin 1997.

Certains mots sont comme le phénix : ils renaissent de leurs cendres. Cybernétique est un de ces mots-là : il a connu, au cours des siècles, une série d'éclipses, mais il jouit actuellement d'un engouement et d'une productivité remarquables, à la faveur de la mondialisation de l'information et du développement des réseaux de téléinformatique. Le nom féminin cybernétique, qui peut aussi être adjectif, a été emprunté au grec par le physicien français Ampère en 1834. Le mot grec kubernêtikê, qu'on retrouve chez Platon, avait le sens d'« art de gouverner », et c'est dans ce sens qu'il avait d'abord été repris en français, sans beaucoup se répandre à l'époque. Au milieu du XXe siècle, cybernétique est réapparu, sous l'influence de l'anglais cybernetics, pour désigner l'« étude des processus de contrôle et de communication chez l'être vivant et la machine, plus précisément dans les systèmes technologiques, biologiques, sociologiques et économiques ». Ainsi, c'est la cybernétique qui inspire la conception d'appareils ou de machines aussi divers que les thermostats et les robots, où on tient compte continuellement des effets obtenus pour atteindre un résultat constamment adapté au but visé. Mais le mot cybernétique était ensuite sorti de mode, au profit de termes plus proches d'informatique. Voilà qu'il ressurgit maintenant, en se multipliant, transporté par les autoroutes de l'information ! On parle désormais d'espace cybernétique, ou cyberespace, lorsqu'on veut désigner le « lieu imaginaire appliqué métaphoriquement au réseau Internet et dans lequel les internautes qui y naviguent s'adonnent à des activités diverses » : bref, c'est l'univers d'Internet. Par ailleurs, l'élément cyber, qui à l'origine ne représente que les deux premières syllabes du verbe grec kubernan, « piloter, diriger, gouverner », est devenu un préfixe qui sert à créer toute une série de mots dont l'idée de conduire dans l'espace n'est pas absente. Ainsi, cybernovice, qui se dit newbie en anglais, désigne l'internaute novice, celui qui est nouvellement arrivé dans Internet ; un cybercafé, ou café électronique, est un établissement équipé de terminaux où on peut prendre des consommations tout en naviguant sur l'autoroute de l'information ; journalistes et essayistes parlent de cyberdémocratie, de cybernétique sociopolitique, voire de cyberculte, de cyberjargon et de cyberculture. Mais si l'anglais a le terme cybernaut, c'est l'appellation internaute qui est préférée à cybernaute pour désigner les utilisateurs d'Internet. Quant aux cybernéticiens et cybernéticiennes, ils semblent promis à un brillant avenir !

Tableau 20 — Article publié in Les chroniques de la cyberpresse, recherche terminologique : Marcel Bergeron, Rédaction : Noëlle Guilloton, juin 1997

http://www.oqlf.gouv.qc.ca/ressources/ti/cyberpresse/cyber_9706.html

Par ailleurs, les terminologues de l'OLF ont répertorié certains termes en usage sur Internet comme :

Gratuiciel : n. m. terme recommandé par l'Office québécois de la langue française. **Équivalent (s)** English, freeware. **Définition** : Logiciel sur lequel le programmeur conserve ses droits d'auteur, mais ne réclame pas leur paiement, et qui peut donc être copié et distribué gratuitement. **Sous-entrée (s)** : synonyme (s), graticiel n. m.

Tableau 21 — Vocabulaire d'Internet : gratuiciel
http://w3.granddictionnaire.com/BTML/FRA/r_Motclef/index1024_1.asp

Nous terminerons avec ce dernier exemple, dans lequel se manifeste cette tendance générale à lister et définir, à travers une nouvelle terminologie, des praxis corrélées au fait technologique, plus spécifiquement informatique.

Partagiciel : n. m. [**CIEL**] : Utilisez shareware, pour être sûr d'être compris. On rencontre aussi distributiel, comme synonyme. **Articles liés à celui-ci** : distributiel logiciel à contribution volontaire, shareware. **Articles voisins** : parquer — partage — partageable — partage de temps — partage du temps — partition — partitionnement — partitionner.

Tableau 22 — Vocabulaire d'Internet : partagiciel
http://www.ordiworld.fr/jargon/P/partagiciel.html

Ce relevé taxinomique de termes en usage sur l'Internet, ne met-il pas en relief la volonté des internautes à pérenniser une langue en devenir ? Et au-delà de cette langue, n'est-ce pas toute une culture numérique, c'est-à-dire corrélée à l'Internet et aux systèmes informatiques le sous-tendant, qui est en train de se mettre en place ? Par ailleurs, la soustraction à la loi, à savoir un « ensemble de règles obligatoires établies par l'autorité souveraine d'une société » (*Le Robert pour tous*,

1995, p. 672), semble inhérente à « l'esprit Internet ». Car « il s'agit bien d'une prise de position forte, dictée par la croyance en un idéal de libre circulation systématique de l'information » (Breton, 2000, p. 58). Nous assistons ainsi à une dérive de la distribution des informations. En effet, tout internaute, dépositaire de tel ou tel objet numérique, peut le diffuser à l'ensemble des autres usagers de l'Internet. Nous ne mentionnerons que les échanges de fichiers de musique, effectués par le biais de logiciels conçus à cet effet, ce qui met ainsi à jour le problème de la loi appliquée au réseau. Comme le souligne Wolton *in Internet et après ?* :

Progressivement, mais beaucoup trop lentement, les organisations internationales, pourtant directement concernées par cette contrefaçon de l'idéal démocratique de circulation de l'information, réalisent l'urgence qu'il y a à défendre une certaine conception de la communication normative par rapport à ce triomphe de la communication fonctionnelle (2000, p. 114).

Cependant, le débat reste ouvert, car la problématique tient plus au fait que sur « le réseau des réseaux » vie privée et vie publique s'interpénètrent.

3.3 Entre réalité et utopie : un modèle démocratique construit sur l'élitisme

Ainsi que le soulignent Breton et Proulx *in L'explosion de la communication* :

L'un des grands changements, peut-être le plus important depuis l'Antiquité, qui affecte de l'intérieur les techniques de communication, est la poussée du paradigme digital, tel qu'il a été rendu possible par l'idéologie moderne de la communication. On désigne par-là la réunion, dans un même ensemble homogène, de quatre dimensions : une technique de base, l'électronique, une méthodologie particulière de traitement automatique et logique des informations, un système de représentation du monde cohérent et universel, enfin un enjeu stratégique et économique (1994, p. 114).

De ces quatre dimensions proposées par ces auteurs, seul « le système de représentation du monde », pris dans l'acception de substrat d'un patrimoine identique, commun et compréhensible à l'ensemble des internautes, sans distinction de culture ou de langue, fait écho à l'objet de cet ouvrage.

Comme nous le soulignions, certains usagers en raison de leur compétence professionnelle, ont mis en ligne des listes taxinomiques comprenant nombre de néologismes auxquels ils ont ajouté les définitions qui leur sont corrélées, ces néologismes pouvant être des termes et expressions en usage sur l'Internet, ou des créations tout à fait personnelles. Nous assisterions, donc, au développement d'une forme de structure groupale particulière. Rassemblant individus et compétences dans le cadre d'une organisation en perpétuelle redéfinition, elle s'articule autour de nombreux enjeux qui évoluent au gré des investissements individuels. Wolton dit de la société civile, qu'elle est « politiquement organisée » (2000, p. 230), ce qui nous renvoie au concept même d'organisation. Ce dernier a fait l'objet de nombreuses études, de la part de spécialistes en sciences des organisations, tel Mintzberg qui mentionne :

> Toute activité humaine organisée [...] doit répondre à deux exigences fondamentales et contradictoires : la division du travail entre les différentes tâches à accomplir et la coordination de ces tâches pour l'accomplissement du travail. La structure d'une organisation peut être définie comme la somme totale des moyens employés pour diviser le travail en tâches distinctes et pour ensuite assurer la coordination nécessaire entre ces tâches (1982, p. 18).

Or, le système organisationnel, sur lequel est structuré l'Internet, est né d'une contradiction : il fonctionne, à la fois, comme somme d'un ensemble informel et variable d'individus, et comme groupe. Ce constat met en relief la dichotomie qui existe au niveau des rôles investis par le même individu, que ce soit dans la société civile ou que ce soit dans la société virtuelle. Mintzberg, référant à l'organisation dans la société civile, spécifie ainsi :

> Un individu qui travaille seul n'a pas grand besoin de coordination [...]. La coordination doit se faire entre des personnes. Généralement les personnes qui travaillent côte à côte dans des petits groupes, s'adaptent les unes aux autres de façon informelle : l'ajustement mutuel est alors le principal mécanisme de coordination. Par contre, lorsque le groupe devient plus important, il devient plus difficile à coordonner de façon informelle. [...] Il existe ainsi un besoin de commandement (*ibid.*, p. 23).

Qu'en est-il de l'Internet ? Il semblerait que cette structure fonctionne en tant que « petits groupes » dans lesquels « l'ajustement mutuel » serait « alors le principal mécanisme de coordination ». En effet, chaque internaute apporte sa contribution à l'édifice, tant au niveau de la participation à des structures déjà mises en place par d'autres usagers, qu'à l'apport et à la mise à disposition de ses compétences et savoirs personnels. Ces pratiques regroupent un grand nombre d'objets : création et/ou consultation de pages en ligne, discussions dans les salons dédiés à cet usage, etc. Si nous référons à la définition de l'organisation présentée par Mintzberg, l'Internet se situerait donc dans un cas de figure qui tiendrait, à la fois, de l'ajustement mutuel : on bavarde sur les « chats » de manière ludique et informelle et la régulation des échanges procède de manière fluide, et du « besoin de commandement » inhérent à des structures groupales plus importantes. Pour cette dernière proposition, nous en trouvons la manifestation à travers les injonctions et conseils donnés par certains internautes ou organisations, en ce qui concerne l'utilisation de telle fonctionnalité de l'Internet, ou encore de l'adoption de tel comportement lors d'échanges interactionnels. Ainsi, je citais précédemment les chapeaux dans lesquels étaient présentés les salons de conversation : il y est proposé les sujets de discussion du moment et il y est également préconisé l'usage de règles de politesse[21].

Ces préconisations et injonctions se déclinent comme suit :

- http://chat.voila.fr/: « Vous avez rejoint #! 25-30ans. wanadoo ! Le sujet du salon est Soirée Samedi 7/2 à Paris : rubrique sortie » ;
- http://chat.voila.fr/: « Vous avez rejoint #! 40-50ans. voila ! 6/02/2004, le sujet du salon est "°~`~*¤§ ƒ Si tu gagnes de l'argent à parler, tu gagnes de l'or à te taire. ƒ§ ¤*~`~° » ;
- http://chat.voila.fr/« Vous avez rejoint #! + 50ans ! 6/02/2004 — Le sujet du salon est *** Excellent week-end @ tous sur le salon senior *** » ;
- http://chat.voila.fr/: « Vous avez rejoint #! ile-de-france ! 6/02/2004. Le sujet du salon est ¡ Bienvenida en el canal

[21] Ces règles sont mises en place afin d'assurer la bonne gestion des échanges communicationnels entre les différents internautes, ce qui n'est pas sans rappeler les manuels de savoir-vivre en usage dans la société civile. La Netiquette qui regroupe ces prescriptions et leur bon usage, est consultable à partir de l'adresse URL :
http://www.sri.ucl.ac.be/SRI/rfc1855.fr.HTML. (Network Working Group S. Hambridge Request For Comments: 1855 Intel Corp. FYI: 28 October 1995 . Category: Informational - Les règles de la Netiquette).

de Ile-de-France ! Respectez les régles, et bon t'chat » (Martin, 2005, annexe C, p. 558).

Afin d'étayer notre propos, nous citerons Proulx qui souligne ainsi :

> Avec l'avènement Internet, la forme sociale du réseau est redécouverte. [...] La forme réseau, en tant que mode d'organisation, fait appel aux qualités généralement exigées par les activités de coordination et de gestion dans un milieu complexe : flexibilité, adaptabilité, souplesse et rapidité dans la prise de décision, possibilité d'une exécution décentralisée (2004, p. 59).

Cet aspect de l'Internet, comme un lieu particulier d'accès libre et gratuit à toutes informations et connaissances, laisse penser que cette organisation serait de type démocratique : il suffit, donc, d'avoir accès à un ordinateur pour se connecter à l'Internet. Cependant, le problème posé est plus complexe : il n'est pas tant dans le *modus operandi* de l'outil – il suffit de le brancher – qu'au niveau des compétences exigées de la part de l'usager (maîtrise de logiciels de base), ainsi qu'à l'existence d'une structure socio-économique dans lequel ce type de pratique peut être développé. Comme le notifie l'auteur précité :

> Le Web est un espace de recherche et d'échange d'information, un espace de communication qui se développe selon sa logique propre, notamment en fonction des désirs de publication et des trajectoires de recherche des divers utilisateurs, portés par la constellation des hyperliens qui émergent au fur et à mesure de leurs parcours sur la Toile (*ibid.*, p. 39).

Ce qui revient à dire que, si démocratie il y a, elle est fortement corrélée à des savoirs et compétences en matière informatique, ainsi qu'à un contexte qui permet l'épanouissement de telles *praxis*.

Mais qu'en est-il en amont quand ces deux paramètres font défaut ? Dans le premier cas de figure, c'est-à-dire pour la mise en œuvre de compétences associées à l'usage de l'Internet, certains organismes « ont pour mission de favoriser l'appropriation des technologies de l'information et de la communication auprès des milieux associatifs et communautaires [et] prennent des mesures pour que ceux-ci aient un droit de parole sur la question » (Proulx, 2004, p. 109). Cet auteur présente ainsi ce projet pédagogique :

> En 1995, une expérience québécoise a permis de mettre sur pied un organisme qui porte le nom de *Communautique*. Dès 1997, ses membres organisaient en région des activités de formation, mettaient en place des projets pilotes d'accessibilité et effectuaient des recherches relatives à la question de l'appropriation (*ibid.*, p. 109).

Par ailleurs, des analyses statistiques réalisées par l'INSEE et parues sur le bulletin n° 1011 de mars 2005, mettent en relief les couches de la population équipées en matériel informatiques ainsi que celles utilisant l'Internet. Elles sont, somme toute, assez éloignées de l'idée d'une société de type égalitaire créée sur le WWW[22]. Ces résultats sont présentés dans le tableau ci-dessous :

---

[22] Cet organisme américain règle la mise en place de la codification des langages informatiques sur le Web comme suit : « The World Wide Web Consortium (W3C) develops interoperable technologies (specifications, guidelines, software, and tools) to lead the Web to its full potential. W3C is a forum for information, commerce, communication, and collective understanding » (http://www.w3.org/).

Caractéristique de la personne de référence du ménage	*Équipement en micro-ordinateur*		*Taux d'accès à Internet*	
	1996	2004	1999	2004
Agriculteur	14,5	62,6	5,3	50,1
Artisan	19,9	63,3	7,2	41,2
Cadre	41,9	81,3	24,9	67,5
Profession intermédiaire	25,5	70,5	10,7	51,6
Employé	15,0	52,9	3,9	33,4
Ouvrier	9,0	44,0	2,4	23,0
Chômeur	11,1	38,8	4,1	28,0
Étudiant	22,1	60,5	19,4	31,7
Retraité	4,3	18,4	1,4	11,4

Tableau 23— Taux d'équipement des ménages en micro-ordinateur et accès à l'Internet pour les années 1996-2004, en %

Enfin, dans l'objectif de bien circonscrire la typologie des populations équipées en biens d'équipement de haute technologie, Rouquette de l'INSEE conclut ainsi :

À âge, type de famille, niveau de vie, diplôme, et lieu de résidence égaux, c'est à dire « toutes choses égales par ailleurs », les cadres et les professions intellectuelles supérieures sont significativement plus équipées que les autres catégories en ordinateur, tandis que les ouvriers et les agriculteurs sont moins bien équipés en biens de haute technologie (ordinateur, répondeur, chaîne hi-fi) (n° 700, p. 3).

Il existerait ainsi une nette corrélation entre utilisateurs d'outils de haute technologie et niveau socioculturel et socio-économique. Wolton, évoquant la société numérique, la mentionne comme :

[...] Un monde ouvert accessible à tous, et qui finalement donne une chance à chacun, quels que soient son itinéraire personnel et ses diplômes. [...] [Mais] la limite est ici la compétence. L'accès à

« toute l'information » ne remplace pas la compétence préalable pour savoir quelle information demander et quel usage en faire. L'accès direct ne supprime pas la hiérarchie du savoir et des connaissances (2000, p. 89).

En revanche, la problématique des pays en voie de développement est tout autre :

Une description de la situation de l'ensemble des pays, vue sous l'angle de l'émergence de la société en réseaux, fait ressortir le développement de deux systèmes de communication parallèles. D'un côté, les pays « info-riches », où les revenus personnels moyens, la scolarisation et l'accès à Internet à faible coût et à haut débit sont élevés. De l'autre, les pays « info-pauvres », au faible produit national brut (PNB), aux populations peu scolarisées et où l'accès à Internet est rare, coûteux et instable (Proulx, 2004, p. 62).

Ceci dit, j'évoquerai l'Internet comme objet tenant à la fois du « démocratique » et de « l'élitisme ». En effet, dans la mesure où les conditions d'utilisation de ce média sont réunies, « l'abondance y est offerte à tous, sans hiérarchie, ni compétence avec cette idée qu'il s'agit d'un espace transparent » (Wolton, 2000, p. 88). En revanche, Proulx chiffre ainsi la fracture numérique des pays dits « info-pauvres » : « Pendant qu'aux États-Unis 26,3 % de la population avait accès à Internet, le taux n'était que de 0,1 % en Afrique subsaharienne et se réduisait à un maigre 0,04 % pour l'Asie du Sud-Est » (2004, p. 61). Ces résultats, tirés d'un rapport international publié en 1999 par le Programme des Nations Unies pour le développement (PNUD), ont certainement été réévalués depuis cette date, sans que cela affecte pour autant la fracture numérique qui existe entre pays riches et pays pauvres.

Issu de la haute technologie mise au service de l'information, le réseau Internet se définit entre réalité et utopie. Réalité, car

« le réseau des réseaux » correspond physiquement à un ensemble d'interconnexions, en sous-réseaux, d'ordinateurs qui constituent un maillage informatique international. C'est également l'ensemble des machines (ordinateurs), les différents logiciels utilisés, et pour finir les tables de caractères du clavier : QWERTY et AZERTY, pour ne nommer que les cultures où est utilisé l'alphabet latin et qui forment un patrimoine, à la fois, commun et individuel aux internautes. Ce cyberespace regroupe également l'ensemble de ses utilisateurs. L'Internet est souvent présenté comme un espace dans lequel l'information est proposée, de façon démocratique, à tout usager, car « c'est au nom de la liberté et de l'égalité des individus que l'information, et toute l'information, doit être accessible à chaque citoyen, comme moyen de connaître la réalité et d'agir » (Wolton, 2000, p. 98). Projet utopique, car il rejoint l'idéologie qui a sous-tendu ce paradigme numérique, du moins, dans ses débuts. Comme le spécifie Breton : « C'est au sein de la cybernétique, inventé par le mathématicien Norbert Wiener dans les années quarante, qu'est né ce qu'on pourrait appeler le premier culte de l'information. Cette vision informationnelle du monde annonce ainsi l'avènement de l'ère numérique » (2000, p. 35). Évoquant ce nouveau rapport établi entre l'homme et les objets du monde, cet auteur précise ainsi :

> Ces nouvelles catégories ne sont pas simplement des outils conceptuels qui s'ajouteraient à d'autres. [...] La forme et l'information ne faisant qu'un, cette nouvelle vision du monde institue donc l'information comme valeur clé, dont la reconnaissance donne la direction du progrès, [ce qui] signifiera construire des dispositifs techniques dont la finalité principale sera de permettre la communication (*ibid.*, p. 39-45).

Or, ce média est tout à la fois cela, et son contraire. De par sa nature polymorphe, ce réseau se développe le long de deux axes : d'une part le premier qui prend en compte les fonctions d'expression et de communication et, d'autre part, le second qui gère tout ce qui est de l'ordre de l'information marchande. Ces positionnements spécifiques nous renvoient à deux types de communication, l'une normative et l'autre fonctionnelle[23]

Ceci étant, l'ambiguïté du phénomène repose sur cette double contradiction : une liberté sans contrainte et des espaces marchands soumis à réglementations. J'avais illustré cette antinomie idéologique avec la problématique posée par les téléchargements d'œuvres musicales, littéraires ou filmiques : cette pratique correspond-elle au simple échange de fichiers entre internautes ou au copiage illégal d'objets pouvant être achetés chez les enseignes qui leur sont dédiées ? Utopie ou réalité ? Si à cette interrogation Wolton répond : « On est loin d'un Net favorisant la nouvelle utopie d'une société tournée vers l'échange et l'ouverture à autrui, débarrassée des pouvoirs. On est au contraire face à un système d'information intégré, dont la finalité est plus du côté d'une économie-monde, que du côté d'une amélioration des relations interpersonnelles » (2000, p. 105). Ma position sera plus nuancée, car mon interrogation portera moins sur la nature de la communication que sur les représentations qu'elle sous-

[23] Pour mémoire, je précise que mes travaux ne portaient que sur la communication dite « normative », puisque celle-ci sous-tendait les échanges conversationnels initialisés dans les salons de conversation. Selon Wolton « la communication normative renvoie à l'idéal de partage » alors que « la communication fonctionnelle renvoie plus aux nécessités d'échanges au sein de sociétés complexes, à la division du travail et à l'ouverture des sociétés les unes sur les autres » (2000, p. 218).

tend. Je rejoindrai en cela la réflexion de Proulx qui explicite ainsi la mise en place de ce processus sur l'Internet :

> [Il] recouvre des activités hétérogènes suscitant des représentations individuelles et sociales très diversifiées, représentations qui varient selon les groupes. [...] Le « modèle mental » qu'un utilisateur se fait d'Internet varie grandement d'un individu à l'autre, [car] l'investissement imaginaire suscité par un dispositif technique joue un rôle déterminant dans les stratégies d'appropriation du dispositif qu'une personne met en branle (2004, p. 35 et 36).

L'Internet fait ainsi l'objet de nombreuses représentations qui vont du « monde ouvert accessible à tous, et qui finalement donnent une chance à chacun, quels que soient son itinéraire professionnel et ses diplômes » (Wolton, 2000, p. 88) au « plaisir de l'internaute [qui] correspond au sentiment d'être connecté en permanence au réseau le plus large possible. [...] L'ordinateur branché est alors perçu comme assurant une extension tangible de la présence physique des interlocuteurs » (Proulx, 2004, p. 76). Cette mise en place de nouvelles représentations de l'homme dans sa communication avec l'autre, *via* cet outil numérique qu'est l'Internet, pourrait interférer sur la manière dont l'inscription identitaire de l'internaute prend corps à travers le *nomen falsum* et ce nouveau « langage des réseaux ».

tend. Je rejoindrai en cela la réflexion de Proulx qui explique ainsi la mise en place de ce processus sur l'Internet.

[1] Ensemble des activités, notamment d'usage, des ... [illegible]

CONCLUSION

Cette approche universaliste d'un langage compris par tous, est liée à l'apparition de ce paradigme digital auquel appartiennent les communications modernes. Ces dernières sont à l'origine de praxis singulières générant un langage qui leur est associé. À ce sujet, citons Strauss qui écrit : « Tous les groupes d'individus ayant une certaine permanence élaborent un langage particulier, jargon ou argot, qui reflète leur manière d'identifier tout ce qui est important pour l'activité du groupe » (*ibid.*, p. 23). Ce constat nous renvoie à la construction d'un nouveau langage de type plurigraphique, car sa construction s'articule autour de plusieurs axes :

- la légitimation d'une langue française qui ne prend plus en compte la normalisation officielle du *bien parler*, avec l'introduction du rébus, de l'écriture rapide, etc. ;
- la codification et la normalisation officialisée des acronymes et des néologismes en usage sur l'Internet ;
- la création de néologismes ainsi que leur codification, dans le cadre des vocabulaires spécifiques au champ d'activité de l'informatique, et plus particulièrement de l'Internet ;
- une iconographie qui utilise les ponctèmes comme matériau servant la création des logogrammes. Cette redondance d'une ponctuation détournée de son usage originel, mais servant à « ponctuer » le discours par des petites figurines traduisant l'état émotionnel du locuteur, semble être une particularité de cet espace numérique ;
- des échanges communicationnels dont le contenu réfère principalement aux séquences liminaires du discours ;
- un nouveau code langagier que nous pourrions qualifier « d'utilitaire », car les échanges initialisés dans les salons de bavardage procèdent de la simultanéité à l'instar des

conversations réalisées dans la vie réelle ; ce *modus operandi* est donc à l'origine d'une langue dont les composantes sont plutôt tournées vers l'expressivité dans la rapidité ;
- des échanges communicationnels qui se traduisent par l'arasement des distances proxémiques à travers la réalisation de marqueurs de politesse dans un registre familier de langue.

Ceci n'est pas sans nous renvoyer à l'étude de logogrammes, tels que les idéogrammes ou les hiéroglyphes structurés autour de champs sémantiques dont le dénominateur est soit une clé pour les idéogrammes soit un déterminatif pour les hiéroglyphes.

La mise en signe de l'oral est attestée en Égypte. Dans son ouvrage intitulé *Grammaire égyptienne ou principes généraux de l'Écriture Sacrée égyptienne appliquée à la représentation de la langue parlée*, Champollion Le Jeune souligne que : « dès l'origine, les images d'objets réels, premiers éléments de l'écriture hiéroglyphique [...] avaient pour but essentiel l'imitation des objets » (1836, 1997, p. 2) et cet auteur d'ajouter : « Les plus anciens caractères chinois, et les tableaux mexicains, donnent d'ailleurs une idée suffisante de ce que peuvent être les premiers essais d'un peuple, dans l'imitation linéaire des objets » (*ibid.* p. 13). Cependant, ces pratiques scripturaires, corrélées à la narration de situations complexes, ont évolué :

Il était bien difficile de s'en tenir, pour l'usage ordinaire, à un système graphique si compliqué dans son exécution, aussitôt que le développement des principes sociaux rendit de plus en plus nécessaire le secours de l'écriture pour satisfaire aux relations qui se multipliaient entre les individus de tous ordres. Il fallut donc chercher à rendre l'emploi de l'écriture plus facile, et l'on visa naturellement à une simplification dans les formes des caractères. La première tentative fut de réduire les caractères hiéroglyphiques au plus petit nombre de traits possibles, mais de manière, toutefois, à conserver non-seulement[24] l'ensemble général des formes, mais, surtout, ce type d'individualité qui distingue chaque image de quadrupède, d'oiseau, de reptile, etc., de l'image de chacun des autres objets de la même classe, employés dans l'écriture hiéroglyphique (Champollion le Jeune, 1836, 1997, p. 12).

Faisant mention des radicaux qui introduisent les champs sémantiques, cet auteur spécifie ceci :

D'autres signes ajoutés à la fin des mots écrits phonétiquement sont, à proprement parler, des déterminatifs génériques, puisque chacun d'eux se joint, pour en indiquer l'acception, à un nombre plus ou moins considérable de noms très différents dans leur signification, mais, qui tous, expriment des individus ou des objets appartenant au même genre d'êtres bien que d'espèces différentes (*ibid.*, p. 82).

Il en est de même des pictogrammes présentés sur l'Internet : l'utilisation des signes diacritiques et des caractères alphanumériques a permis aux internautes la mise en place d'un système logographique de base. Ainsi, les « deux points » n'ont de signification que celle qui leur est assignée dans le système de ponctuation, à savoir une ouverture sur une énumération ou sur une citation ; utilisés dans la construction de pictogrammes électroniques de base, ils peuvent s'analyser comme une clé. En effet, ils sont décryptés comme des yeux, ceux du locuteur, émetteur ou récepteur, et signifient que le champ sémantique circonscrit est celui des expressions du visage, reflet des états

[24] J'ai conservé la forme orthographique de la reproduction de l'original de cette grammaire.

émotionnels, car si nous ajoutons à cette clé une parenthèse fermée, nous obtenons un visage souriant, et son remplacement par une parenthèse ouverte, un visage triste. L'utilisation de la lettre « o » à la place des parenthèses se lit comme une expression de joie (rires) ou encore d'étonnement ou de stupéfaction. Ce processus autopoïètique permet à l'émetteur d'un message de transmettre à son destinataire l'état émotionnel dans lequel il se trouve.

Il semble donc que le système des pictogrammes électroniques procède de la même construction que celle qui a présidé à la mise en place des hiéroglyphes ou des idéogrammes, c'est-à-dire l'initialisation de champs sémantiques à partir de graphies de base. L'analyse de ces graphies montre que leur construction s'est faite autour de la représentation graphique des objets du monde ; chaque graphie ne représente qu'elle-même : elle est univoque et monosémique. Lors de leur évolution, ces graphies transformées en symboles signifieront tel objet du monde sans nécessairement le représenter. Dans ces deux approches, que ce soit à l'aube du langage écrit ou à l'ère de l'Internet, la création logographique initialise des graphes simples et « prêts à être compris ».

Manifestation d'une appartenance sociale ou ethnique, la langue permet à chaque locuteur de se situer dans un groupe culturel et géopolitique donné. Néanmoins, la donne, en ce qui concerne le type de société mis en place sur l'Internet, est bien différente de celle qui existe dans la vie réelle. Entre enthousiasme pour ces communautés virtuelles où chacun peut rencontrer l'autre en un clic de souris, et méfiance pour tout ce qui touche à une technique mise au service de la communication, technophiles et technophobes s'affrontent à travers argumentations et contre argumentations. Ainsi, les systèmes symboliques dans lesquels la langue prend corps, ainsi que tous les paramètres qui font de la langue ce « bien social » dont parlait Bourdieu, vont-ils être modélisés à partir de la matrice existant dans la société civile ou bien seront-ils à l'origine d'un autre modèle spécifique au média Internet ? Facteur d'assimilation et de cohésion : comment la langue française, réécrite dans une version numérique *via* le média Internet va-t-elle se positionner dans la société civile ? À terme, cette société virtuelle composée d'une somme d'individus agrégés autour de projets d'ordre ludique, ne sera-t-elle pas le contre-pouvoir nécessaire à des systèmes sociétaux de plus en plus bureaucratisés ? Ne pourra-t-elle pas déborder le virtuel pour pénétrer le réel ?

TABLE DES SIGLES, ABRÉVIATIONS ET ACRONYMES

ADN	**A**cide **d**ésoxyribo**n**ucléique
ARN	**A**cide **r**ibo**n**ucléique
INSEE	**I**nstitut **N**ational de la **S**tatistique et des **É**tudes **É**conomiques
JO	**J**ournal **O**fficiel
OLF	**O**ffice québécois de la **L**angue **F**rançaise
RAM	**R**andom **A**cces **M**émory
URL	**U**niform **R**esource **L**ocation
WWW ou 3W	**W**orld **W**ide **W**eb

BIBLIOGRAPHIE

ACCESS 97 par l'exemple, Nantes [France], ENI, 1999, 380 p.

AEBISCHER (Verena), OBERLE (Dominique), *Le groupe en psychologie sociale*, Paris, Dunod, 1990, 219 p.

ANIS (Jacques), *Parlez-vous texto ? Guide des nouveaux langages du réseau*, Paris, Le Cherche Midi, 2001, 111 p.

APOLLINAIRE (Guillaume), *Calligrammes*, 1925, Paris, NRF, 1945, 52e édition, 240 p.

ARCAINI (Enrico), *Principes de linguistique appliquée*, Bologne, Mulino, 1967, traduction française, Paris, Payot, 1972, 302 p.

ARSAC (Jacques), *La science informatique*, Paris, Dunod, 1970, 233 p.

BAILLARGEON (Gérald), *Méthodes statistiques*, Trois-Rivières [Québec, Canada], SMG 1984, 600 p.

BAILLY (Florence) et al., *Pratiques professionnelles et usages des écrits électroniques*, Paris, L'Harmattan, 2002, 235 p.

BALIBAR (Françoise) dir., *Œuvres choisies d'Albert Einstein — Sciences, éthique et philosophie*, Seuil/CNRS, tome V, 1991, 252 p.

BARTHES (Roland), *Le degré zéro de l'écriture suivi de Nouveaux essais critiques*, 1953, pour cette édition, Paris, Seuil, Collection Points, 1972, 187 p.

BAYLON (Christian), FABRE (Paul), *La sémantique*, Paris, Nathan Université, 1978, 334 p.

BAYLON (Christian), FABRE (Paul), *Initiation à la linguistique*, Paris, Nathan Université, 1990, 235 p.

BENVENISTE (Émile), *Problèmes de linguistique générale*, Paris, Gallimard, tome I, 1966, 289 p.

BERGERON (Léandre), *Dictionnaire de langue québécoise*, Montréal [Québec, Canada], VLB, 1980, 575 p.

BERGERON (Léandre), *Dictionnaire de langue québécoise précédé de « La Charte de la Langue Québécoise »*, Montréal [Québec, Canada], VLB, 1981, 168 p.

BERGERON (Marcel), KEMPA (Corinne), *Vocabulaire d'Internet*, [Québec, Canada], Office de la Langue française, Gouvernement du Québec, Bibliothèque nationale du Québec, 1995, 62 p.

BERA (Michel), MECHOULAN (Eric), *La machine Internet*, Paris, Odile Jacob, 1999, 318 p.

BERTALANFFY (von) (Ludwig), *Des robots, des esprits et des hommes*, première édition, New-York, George Braziller, Inc., 1967, pour l'édition française, Paris, E.S.F, 1982, 124 p.

BERTOLINI (Gérard), *Le minimalisme, concepts et pratiques d'éco-consommation*, Paris, Economica, 2000, 100 p.

BOULANGER (Jean-Claude), *Les inventeurs de dictionnaires*, Ottawa [Canada], Les presses de l'Université d'Ottawa, 2003, 545 p.

BOURDIEU (Pierre), *Ce que parler veut dire, l'économie des échanges linguistiques*, Paris, Fayard, 1982, 245 p.

BOURDIEU (Pierre), *Langage et pouvoir symbolique*, Cambridge, Polity Press, 1991, pour la présente édition, Paris, Fayard, 2001, 423 p.

BRETON (Philippe), PROULX (Serge), *L'explosion de la communication : la naissance d'une nouvelle idéologie*, Louiseville, [Québec, Canada], Boréal, 3e édition, 1994, 341 p.

BRETON (Philippe), *Le culte de l'Internet*, Paris, La Découverte, 2000, 125 p.

BRUNEL (Pierre), MANCIER (Frédéric), LETOURNEUX (Mathieu), *Dictionnaire des mythes d'aujourd'hui*, Paris, Rocher, 1999, 944 p.

CAVALLI — SFORZA (Charles Sanders), *Gènes, peuples et langues*, Paris, Odile Jacob, 1996, 322 p.
CHAMPOLLION LE JEUNE, *Grammaire égyptienne ou principes généraux de l'Écriture Sacrée égyptienne appliquée à la représentation de la langue parlée*, 1re édition, 1836, pour la présente édition, Paris, Jean de Bonnot, 1997, 555 p.
CHARAUDEAU (Patrick), *Langues et discours*, Paris, Hachette, 1986, 176 p.
CHRISTIN (Anne-Marie), *L'écriture du nom propre*, Paris, L'Harmattan, 1998, 320 p.
COÏANIZ (Alain), *L'enseignement de la grammaire aux étrangers*, 970 p. Th. 3e c. : Besançon : 1981.
COÏANIZ (Alain), *Apprentissage des langues et subjectivité*, Paris, L'Harmattan, 2001, 259 p.
CONNOLLY (Guy), *Linguistique descriptive*, Montréal [Québec, Canada], Guérin, 1978, 288 p.
CORRAZE (Jacques), *Les communications non-verbales*, Paris, PUF, Collection « Le psychologue », 1980, 252 p.
DARWIN (Charles), *L'origine des espèces*, 1re édition, 1871, pour la présente édition, Verviers [Belgique], Marabout Université, 1973.
DAUZAT (Albert), *Tableau de la grammaire française*, Paris, Payot, 1939, 303 p.
DENIS (Claire) et al., *Individu et société*, Montréal [Québec, Canada], McGraw-Hill, 1991, 252 p.
DESSALLES (Jean-Louis), *Aux origines du langage : une histoire naturelle de la parole*, Paris, Hermès Science Publications, 2000, 351p.
DETRIE (Catherine), MASSON (Michel), VERINE (Bertrand), *Pratiques textuelles*, 1999 ?, Montpellier, Praxiling, 312 p.
Dico SMS 1, Paris, Michel Lafon, 2001, 95 p.
Dico SMS 2, Paris, Michel Lafon, 2001, 95 p.

Dico SMS 3, Paris, Michel Lafon, 2001, 95 p.
DUBOIS (Jean) et al., *Dictionnaire de linguistique*, 1e édition, 1994, pour la présente édition, Paris, Larousse-Bordas, 2001, 514 p.
DUBOIS (Marguerite-Marie) et al., *Dictionnaire moderne : français anglais, anglais français*, Paris, Larousse, Collection Jupiter, 1960, 752 p.
DUCROT (Oswald), TORODOV (Tzvetan), *Dictionnaire encyclopédique des sciences du langage*, Paris, Seuil, 1972, 470 p.
DULUDE (Yvon), TRAIT (Jean-Claude), *Dictionnaire des injures québécoises*, Beauceville [Québec, Canada], Stanké, 1996, 461 p.
DYSON (Freeman J.), *Le soleil, le génome et Internet*, 1re édition, New York, Oxford University Press Inc., 1999, pour la traduction française, Paris, Flammarion, 2001, 137 p.
ECO (Umberto), *Le signe*, 1re édition, Milan [Italie], Arnoldo Mondadori, 1980, pour la traduction française, Bruxelles, Labor, 1988, 276 p.
ECO (Umberto), *La production des signes*, Paris, Le livre de poche, 1981, 126 p.
ECO (Umberto), *Sémiotique et philosophie du langage*, 1re édition, Torino [Italie], Guido Einaudi S.P.A, 1988, Paris, PUF, 2001, 285 p.
ENCKELL (Pierre), REZEAU (Pierre), *Dictionnaire des onomatopées*, Paris, PUF, 2003, 579 p.
ERMAN (Michel), *Littérature canadienne française et québécoise*, Laval [Québec, Canada], Beauchemin, 1992, 570 p.
FLICHY (Patrice), *Une histoire de la communication moderne*, Paris, La Découverte, 1997, 281 p.
FORTIER (François), *Citoyens sous surveillance : la face cachée d'Internet*, Montréal [Québec, Canada], Ecosociétés, 1re édition, 1963, pour la présente édition, 2002, 128 p.

FROMM (Erich), *Escape from freedom*, New York [U.S.A], Avon Library, 1965, 333 p.
GANASCIA (Jean-Gabriel), *Dictionnaire de l'informatique et des sciences de l'information*, Paris, Flammarion, 1998, 311 p.
GARY-PRIEUR (R.), COSTE (D.), *Dictionnaire de didactique des langues*, Paris, Hachette, 1976, 612 p.
GAUCHEY (Jacques), *La vallée du risque : Silicon Valley*, Paris, Plon, 1990, 282 p.
GHIGLIONE (Rodolphe), *L'homme communiquant*, Paris, Armand Colin, Collection U, 1986, 272 p.
GIDDENS (A.), *La constitution de la société*, Paris, PUF, 1987, 474 p.
GOODY (J.), *La raison graphique : la domestication de la pensée sauvage*, Paris, Minuit, 1979, 274 p.
GOOSE (André), GREVISSE (Maurice), *Le bon usage : grammaire française*, Paris, Duculot, 1993, 1762 p.
GREVISSE, (Maurice), *Précis de grammaire française*, Paris, Duculot, 1969, p. 291.
GREVISSE, (Maurice), *Le bon usage*, Paris, Duculot, 1993, p. 1762.
GUIRAUD (Pierre), *Structures étymologiques du lexique français*, Paris, Larousse, 1967, 211 p.
GUMPERZ (John), *Engager la conversation : introduction à la sociolinguistique interactionnelle*, Paris, Minuit, Collection « le sens commun », 1989, p. 185.
HAGEGE (Claude), *L'homme de paroles*, Paris, Fayard, Collection Folio Essais, 1985, 406 p.
HALL (T. Edward), *La dimension cachée*, édition originale, New-York Doubleday and Co. [U.S.A], 1966, pour la présente édition, Paris, Seuil, 1971, 254 p.
HJELMSLEV (Louis), *Essais linguistiques*, Paris, Minuit, 1971, 279 p.

HOGUE (Jean-Pierre), LÉVESQUE (Denis), MORIN M. (Estelle), *Groupe, pouvoir et communication*, Montréal [Québec, Canada], Presses de l'Université du Québec, 1988, 235 p.

IFRAH (George), *Histoire universelle des chiffres*, Paris, Robert Laffont, 1994, tome I, 1042 p., tome II, 1010 p.

ISO/AFNOR, *Dictionnaire de l'informatique : le vocabulaire normalisé*, Paris, ISO/AFNOR, 1997, 626 p.

JAKOBSON (Roman), *Essais de linguistique générale : les fondations du langage*, Paris, Minuit, 1963, 2003, 257 p.

JEAN (Georges), *L'écriture mémoire des hommes*, Paris, Découvertes Gallimard Archéologie, 1987, 224 p.

JEAN (Georges), *Langage de signes : l'écriture et son double*, Paris, Découvertes Gallimard Archéologie, 1989, 208 p.

JESPERSEN (Otto), *Nature, évolution et origines du langage*, Paris, Payot, 1976, 436 p.

KAROLAK (Stanislaw), *L'article et la valeur du syntagme nominal*, Paris, PUF, 1989, 140 p.

KERBRAT-ORECCHIONI (Catherine), *La conversation*, Paris, Seuil, 1996, 92 p.

KERBRAT-ORECCHONI (Catherine), *Les interactions verbales*, Paris, Armand Collin, 1998, 320 p.

KUNSTMANN (Pierre), MARTINEAU (France), FORGET (Danielle), *Ancien et moyen français sur le Web : enjeux méthodologiques et analyse du discours*, Ottawa [Canada], David, 2003, 328 p.

LABOV (William), *Sociolinguistique*, Paris, Minuit, 1976, 459 p.

LACARRIERE (Jacques), *Les évangiles des quenouilles*, Paris, Imago, 1987, 135 p.

LAPLANCHE (J), PONTALIS (J.B), *Vocabulaire de la psychanalyse*, Paris, PUF, 1967, 523 p.

LARSON (A. Michael), *Office 97 : les outils Internet*, Paris, Simon & Schuster Macmillan, 1997, 429 p.
LECHERBONNIER (Marie-france), *Guide du savoir-vivre*, Paris, Albin Michel, 1994, 286 p.
LECLERC (Jacques), *Langue et société*, Laval [Québec, Canada], Mondia 1986, 530 p.
LE PETIT LAROUSSE, Dictionnaire de langue française, Canada, Bordas distribué par les Éditions françaises Inc., 1998, 1786 p.
LE PETIT ROBERT 1, Dictionnaire alphabétique et analogique de la langue française, Paris, Dictionnaires Le Robert, 1967, pour la présente édition, 1977, 2171 p.
LE PETIT ROBERT, Paris, Dictionnaires Le Robert, 1re édition, 1967, présente édition, 1996, 2551 p.
LE PETIT ROBERT, Dictionnaire de la langue française, Paris, Le Robert, 1967, 1re édition, mise à jour, 2000, 2841 p.
LE ROBERT POUR TOUS : DICTIONNAIRE DE LA LANGUE FRANÇAISE, Paris, Dictionnaires Le Robert, 1994, réimpression, 1995, 1277 p.
LE ROBERT, Dictionnaire québécois d'aujourd'hui, [Québec, Canada], Dicorobert, 1992, 1269 p. + annexes.
LEROI-GOURHAN (André), *Le Geste et la Parole, première partie : Technique et langage*, Paris, Albin Michel, Collection Sciences d'aujourd'hui, 1964, 323 p.
LEVI-STRAUSS (Claude), *La pensée sauvage*, Paris, Plon, Collection Agora, 1962, 347 p.
LEVY (Pierre), *L'intelligence collective*, Paris, La Découverte, 1994, 244 p.
LI (Leyi), *Évolution de l'écriture chinoise*, Beijing [République Populaire de Chine], Université des Langues et Cultures, 1993, 500 p.
LORENZ (Konrad), *Le comportement animal et humain*, Paris, Seuil, Collection Points Sciences, 1970, 240 p.

LOUIS (Erik), *Philosophie : le pouvoir des signes*, Paris, Hatier, 1978, 80 p.

MARC (Edmond), PICARD (Dominique), *Relations et communications interpersonnelles*, Paris, Dunod, 2000, 126 p.

MARC (Edmond), PICARD (Dominique), *L'interaction sociale*, Paris, PUF, Collection « Le psychologue », 1989, 239 p.

MALMBERG (Bertil), *Le langage : signe de l'humain*, Paris, Picard, 1979, 289 p.

MARTIN (Marcienne), *Les constructions identitaires du sujet a travers la mise en place de pseudonymes et l'émergence d'un nouveau code langagier via l'outil internet*, 448 p., Annexes, 590 p. Thèse de doctorat : Saint-Denis, Ile de La Réunion, 2005.

MARTIN (Marcienne), *Le pseudonyme sur Internet, une nomination située au carrefour de l'anonymat et de la sphère privée*, L'Harmattan, 2006, 180 p.

MARK (Torben Rudolph), *Internet, surfez en toute simplicité sur le plus grand réseau du monde*, Paris, Micro Application, PC Poche, 1999, 535 p.

MARTINET (André), *Éléments de linguistique générale*, Paris, Armand Colin, 1967, 216 p.

MAZUC (Emile), *Grammaire languedocienne*, Nîmes [France], Lacour, 1re édition 1899, pour la présente édition 1994, 350 p.

MEDNICK (Sarnoff A.), POLLIO (Howard R.), LOFTUS (Elisabeth F.), *Learning*, Englewoodd Cliffs [N.J., USA] Prentice-Hall Inc., first edition, 1964, second edition, 1973, 147 p.

MICLAU (Paul), *Le signe linguistique*, Paris, Klincksieck, 1970, 213 p.

MICROSOFT, *Étape par étape Microsoft Access 97*, Les Ulis [France], Microsoftpress, 1997, 265 p.

MINTZBERG (Henry), *Structure et dynamique des organisations*, Paris, Les Éditions d'Organisation, 1982, 434 p.
MORTUREUX (Marie-Françoise), *La lexicologie entre langue et discours*, Paris, Armand Colin, 2001, 191 p.
MOUNIN (Georges), *Clefs pour la linguistique*, Paris, Seghers, 1973, 243 p.
NEVERT (Michèle), *La langue qu'on affiche*, Montréal [Québec, Canada], VLB, 1992, 229 p.
OFFICE DE LA LANGUE FRANCAISE, *Répertoire des avis terminologiques et linguistiques*, Québec, Canada, 1998, 360 p.
OUAKNIN (Marc-Alain), *Les mystères de l'alphabet*, Paris, Assouline, 1997, 379 p.
PAILLARD (Michel.), LE DIVENACH (Eloi), *Identifier les locutions*, Paris, Ophrys, 2003, 108 p.
PLINE L'ANCIEN, *Histoire naturelle*, Paris, Les Belles Lettres, livre XXI, 1969, 171 p.
POIRIER (Claude), Équipe du TLFQ, *Dictionnaire historique du français québécois*, Laval [Québec, Canada], Les Presses de l'Université de Laval, 1998, 640 p.
PROULX (Serge), *La révolution Internet en question*, Montréal [Québec, Canada], Québec Amérique, 2004, 143 p.
PRAX (Jean-Yves), *Le guide du Knowledge Management*, Paris, Dunod, 2000, 266 p.
PRAX (Jean-Yves), *Le management territorial à l'ère des réseaux*, Paris, Les Éditions d'Organisation, 2002, 210 p.
POUGEOISE (Michel), *Dictionnaire didactique de la langue française*, Paris, Armand Colin, 1996, 443 p.
QUENEAU (Raymond), *Exercices de style*, Paris, Gallimard, Collection Folio Plus, 1947-1995, 216 p.
REMY (Claire), *L'intelligence artificielle*, Paris, Dunod, 1994, 158 p.

REY (Alain) dir., *Dictionnaire historique de la langue française*, Paris, Le Robert, 1re édition, 1992, pour la présente édition, 1998, réimpression, 2000, en 3 tomes, 4304 p.

REY-DEBOVE (Josette), *Lexique sémiotique*, Paris, PUF, 1979, 156 p.

RICHAUDEAU (François), *Recherches actuelles sur la lisibilité*, Paris, Retz : Actualité des sciences humaines, 1984, 159 p.

ROGERS (David), *Dictionnaire de la langue québécoise rurale*, Montréal [Québec, Canada], VLB, 1977, 246 p.

ROUSSEAU (Jean-Jacques), *Essai sur l'origine des langues*, texte intégral reproduit d'après l'édition A.Belin, 1817, Paris, Bibliothèque du graphe, 1969, p. 501-543.

ROUVEYRAN (Jean-Claude), *Le guide de la thèse — le guide du mémoire : du projet à la soutenance*, Paris, Maisonneuve et Larose, 1999, présente édition, 2001, 249 p,

SAND (George), *La mare au diable*, 1re édition dans le « Courrier Français », 1846 et Francis le Champi, 1re édition dans le « Journal des débats », 1847, Lausanne [Suisse], Rencontre, 1967, 311 p.

SAPIR (Edward), *Le langage : introduction à l'étude de la parole*, Petite Bibliothèque Payot, 1re édition, 1921, Paris, Payot, pour la traduction française, 1970, 285 p.

SAUVAGEOT (Aurélien), *Analyse du français parlé*, Paris, Hachette Collection « Recherches/Applications », 1972, 189 p.

SEARLE (John. R), *Déconstruction : le langage dans tous ses états*, Combas [France], L'éclat, 1983, 38 p.

SFEZ (Lucien), *Critique de la communication*, Paris, Seuil, 1re édition, 1988, présente édition, 1992, 521 p.

SIMPSOM (Alan), *Windows 98 : la Doc des Pros,* Paris, IDG Books, First Interactive, 1998, 1102 p.

STRAUSS (Anselm), *Miroirs et masques : une introduction à l'interactionnisme*, Paris, Métailié, 1992, 192 p.
SUZZARINI (François), *Dictionnaire analogique*, Les nouvelles éditions Marabout, Alleur, Belgique, 1985, 478 p.
TODOROV (Tzvetan), *Théories du symbole*, Paris, Seuil, 1977, 376 p.
TODOROV (Tzvetan) et al., *Sémantique de la poésie*, Paris, Seuil, 1979, 177 p.
TOLLIS (Francis) « dir. », *La locution et la périphrase du lexique à la grammaire*, Paris, L'Harmattan, 2001, 393 p.
TRAVERSO (Véronique), *L'analyse des conversations*, Paris, Nathan, Collection Université, 1re édition, 1999, présente édition, 2004, 128 p.
USUNIER (Jean-Claude), *Commerce entre cultures, une approche culturelle du marketing international*, Paris, PUF, tome I, 1992, 213 p.
VANDENDORPE (Christian), *Du papyrus à l'hypertexte*, Montréal, [Québec, Canada], Boréal, 1999, 271 p.
VAILLANT (Pascal), *Sémiotique des langages d'icônes*, Paris, Honoré Champion, 1999, 302 p.
VILLERS de (Marie-Éva), *Multidictionnaire de la langue française*, Montréal, [Québec, Canada], Québec/Amérique, 3e édition, 1997, 1533 p.
WATZLAWICK (P.), HELMINCK BEAVIN (J.), JACKSON (D.) (don), *Une logique de la communication*, 1re édition américaine, 1967, présente édition, Paris, Seuil, 1972, 280 p.
WINOGRAD (Terry), FLORES (Fernando), *L'intelligence artificielle en question*, Paris, PUF, 1989, 295 p.
WOLTON (Dominique), *Internet et après ?*, Paris, Flammarion, Collection Champs, 2000, 240 p.
YAGUELLO (Marina), *Alice au pays du langage*, Paris, Seuil, 1981, 207 p.

ZAKS, (Rodnay), *Votre premier ordinateur*, Paris, Sybex, 1981, 294 p.

Publications

ACTES DU COLLOQUE DE BREST, *Nom propre et nomination* 21-24 avril 1994, Toulouse — Le Mirail [France], Michèle Noailly, 1995.
ANIS (Jacques), « *Le signifiant graphique* », *Langue française*, 59, septembre 1983, Paris, Larousse, 128 p.
BEGUIN-VERBRUGGE (Annette), « *Apprentissages dans le cybermonde : jeux de miroirs et fantasmes de communication* », *Communication et langages*, 137, octobre 2003, Paris, Retz, pp. 45-62.
CATACH (Nina), « *La ponctuation* », *Langue française*, 45, février 1980, Paris, Larousse, pp.16-27.
CLOAREC (Nathalie), VICTOR (Patrice), « *Le marché des télécommunications en 2002* », *INSEE Première*, 968, mai 2004, Paris, Pôle enquêtes structurelles, 4 p.
DAGUET (Fabienne), « *Mariage, divorce et union libre* », *INSEE Première*, 482, août 1996, Paris, 4 p.
DARLU (Pierre), SMETS (Josef), « *Patronymes, frontières et migrations entre hautes Cévennes et bas Languedoc* », *Unité Inserm U155*, Épidémiologie génétique, s.n.l.d.
DUMARTIN (Sylvie) et MIGNARD (Frédérique), « *L'informatique à la maison : une diffusion sensible mais encore très ciblée* », *INSEE Première*, 629, janvier 1999, Paris, Division conditions de vie des ménages, 4 p.
FRYDEL (Yves) « *Un ménage sur deux possède un micro-ordinateur, un sur trois a accès à internet* » *INSEE Première*, 1011, mars 2005, Paris, 4 p.

HEITZMANN (Raymond), ROUQUETTE (Céline), « *Les technologies de l'information et de la communication : 5 % du PIB* », *Sessi*, 648, mai 1999, Secrétariat d'État à l'Industrie, Division Services, 4 p.
LANGUE FRANCAISE, « *L'oral dans l'écrit* », 89, février 1991, Paris, Larousse, 128 p.
MARTIN (Marcienne), « *Le voyage au bout des mots de la francophonie* », *Travaux de didactique du français langue étrangère*, 53, Université Paul Valéry, Montpellier III, 2005, pp 133-146.
MINISTERE DE LA CULTURE ET DE LA COMMUNICATION, « *Les usages de loisirs de l'informatique domestique* », *Développement culturel*, 130, octobre 1999, 6 p.
MOATTI (Daniel), « *De l'imprimé à la page Web : une pédagogie administrative* », *Communication et langages*, 132, juillet 2002, Paris, Retz, pp 29-46.
OFFICE DE LA LANGUE FRANÇAISE, « *Info langue* », V. 1, 1, hiver 1996-1997, Montréal, [Québec, Canada].
OFFICE DE LA LANGUE FRANÇAISE, « *Info langue* », V. 2, 2, printemps 1998, Montréal, [Québec, Canada].
RECHERCHE, « *La querelle de l'origine des langues* », 306/2, février 1998.
RAMONET (Ignacio), « *Le nouvel ordre Internet* », *Le monde diplomatique*, 598, janvier 2004, pp. 1.
ROUQUETTE (Céline), « *L'informatique : une technique assimilée par les jeunes générations* », *INSEE Première*, 643, avril 1999, Division Services, 4 p.
ROUQUETTE (Céline), « *La percée du téléphone portable et Internet* », *INSEE Première*, 700, février 2000, Division conditions de vie des ménages, 4 p.
ROUQUETTE (Céline), « *Un tiers des adultes ont déjà utilisé Internet* », *INSEE Première*, 850, juin 2002, Division conditions de vie des ménages, 4 p.

SCIENCES HUMAINES, « *La communication, de quoi parle-t-on ?* », 4, mars 1991.
SCIENCES ET AVENIR, « *Le plastique qui se répare tout seul* », 02667, mai 2002, pp. 28.
SCIENCES ET VIE, « *Sumer, Egypte, Chine, Mayas... Comment est née l'écriture* », hors série 219, juin 2002.
SCIENCES ET VIE, « *L'intelligence n'est pas le propre de l'homme* », 219, juin 2002.
SELAVY (Rose), « *La traque du chaos* », *Le Monde Informatique*, 948, août 2002, Paris, IDG Communications France, pp. 47-48.
SERFATY (Viviane), « *D'un discours utopique* », *Communication et langages*, Paris, Retz, 119, 1999, pp. 106-117.

Ouvrages de référence sur support cédérom

ENCYCLOPÉDIE, Éditions Atlas sur support compact disc, 1998.

Sites consultés sur l'Internet

http://admi.net/jo/index.phtml
Site du Journal Officiel de la République Française, 2004.
http://agorasoc.ovh.org/forum.html
Forum de discussion, 2001.
http://classes.bnf.fr/dossiecr/sp-cune2.htm
Site de la Bibliothèque Nationale de France, section dossiers pédagogiques : l'aventure des écritures, 2001.
http://www.chass.utoronto.ca/~sousa/vie.html
Site dédié à la recherche biomédicale.
http://chat.voila.fr/
Salons de conversation, 2002.

http://forums.multimania.lycos.fr/directory/all/
Forum de discussion, 2001.
http://forum.souany.com
Forum de discussion, 2001.
http://fr.groups.yahoo.com/group/rosane
Forum de discussion, 2001.
http://lcseguin.free.fr/smiles.html
Site présentant des séries de pictogrammes électroniques.
http://pubpages.unh.edu/%7Ecbsiren/assyrbabyl-faq.html
The Assyro-Babylonian Mythology, 2003.
http://w3.granddictionnaire.com/BTML/FRA/r_Motclef/index1024_1.asp
Site de l'Office québécois de la langue française, 2004.
http://www2.cnrs.fr/presse/journal/2020.htm
Site du journal du CNRS.
http://www.academie-francaise.fr/langue/index.html
Site de l'Académie française.
http://www.afnor.fr
Site des normes préconisées.
http://www.arobase.org/culture/histoire.htm
Site de l'histoire du courrier électronique
http://www.caramail.lycos.fr/
Portail généraliste sur lequel a été compilée une partie du corpus annexe, 2004.
http://www.chez.com/smileys/
Site proposant le téléchargement de pictogrammes électroniques, 2001.
http://www.ciao.fr/
Site d'opinions consuméristes sur des produits divers, 2001.
http://www.clparc-beauvais.fr/Serveur/FORUM/irc/emoticon.htm
Site proposant quelques créations de pictogrammes électroniques, 2001.

http ://www.culture.gouv.fr : 8895/owa_dgpb/plsql/rechercher.frame_res_fiches
Site gouvernemental de la Commission générale de terminologie et de néologie, 2004.
http://www.cyberbase-montpellier.com
Site de recherches d'emploi via l'outil Internet, 2001.
http://www.dicodunet.com/
Site dédié à la réalisation d'un dictionnaire dit « collaboratif », 2004.
http://www.dicofr.com/
Site dédié à la consultation d'un dictionnaire de l'informatique et de l'Internet, 2004.
http://www.dicorama.com/
Site proposant un annuaire des dictionnaires disponibles sur Internet, 2004.
http://www.dooyoo.fr/
Site d'opinions consuméristes sur des produits divers, 2001.
http://www.ens-lyon.fr/Bibli/Technique/redactionpubli.php
Site mettant en ligne les normes préconisées pour la rédaction des thèses, 2005.
http://www.entrefemmes.net/viewtopic.php?p=108721#108721
Forum de discussion, 2001.
http://www.foorum.fr/
Forum de discussion, 2001.
http://www.freegaia.com/smil-objet.htm
Site proposant le téléchargement de pictogrammes électroniques, 2001.
http://www.ifrance.com/doctorat-sciences-langage/
Site sur lequel notre questionnaire a été mis en ligne, 2001.
http://www.ifrance.com/_hforum/annuaire.html
Forum de discussion, 2001.
http://www.internetservices-fr.net/
Site dédié à différents services distribués en ligne, 2001.

http://www.Insee.fr/
Portail de l'Institut National de la Statistique et des Études Économiques, 2001.
http://www.linux-france.org/prj/jargonf/
Site mettant en ligne un dictionnaire d'informatique francophone, 2002.
http://www.medicalistes.org/gvhd/fr/gvhd_fr/smileys_fr.htm
Site proposant des pictogrammes électroniques.
http://www.nintendo-europe.com/NOE/fr/FR/home/index.do
Site de la société japonaise Nintendo Co., Ltd., leader mondial en matière de création de divertissement interactif, 2001.
http://www.ordiworld.fr/jargon/P/partagiciel.html
Site dédié au relevage taxinomique de termes en usage sur l'Internet, 2004.
http://www.olf.gouv.qc.ca/index.html
Site de l'Office québécois de la langue française créé par l'Assemblée nationale du Québec en 1977, 2002.
http://www.oqlf.gouv.qc.ca/ressources/bibliotheque/dictionnaires/Internet/fiches/1299153.html
Site de l'Office québécois de la langue française, banque de terminologie du Québec, 2001.
http://www.seniorplanet.fr
Forum de discussion, 2001.
http://www.souany.com
Forum de discussion, 2001.
http://www.sri.ucl.ac.be/SRI/rfc1855.fr.html
Site présentant les règles de la Netiquette, 2001.
http://www.village-justice.com/forum/index.html
Forum de discussion, 2001.
http://www.w3.org/
Site de travail sur les normes en matière de langage informatique à utiliser sur l'Internet, 2001.

http://www.webencyclo.com/
Site mettant en ligne une encyclopédie, 2001.
www.allianceindigo.fr.
Forum de discussion, 2001.
www.chat.multimania.fr/acces/alliancecrystal/
Forum de discussion, 2001.
www.perso.club-internet.fr/silus/
Forum de discussion, 2001.

INDEX

A

ANDRÉ-SALVINI	53
ANIS J.	25, 26, 29, 47, 49-51, 53, 54, 63, 67, 69, 71, 72, 74, 75, 79, 87, 89
Aphérèse	50, 79
Apocope	50, 79
APOLLINAIRE G.	95, 96
Autopoïèse	41, 95

B

BERGERON M.	117
BOULANGER J.-C.	41, 43, 45, 51, 81, 82
BOURDIEU P.	46, 134
BRETON P.	18, 119, 127

C

CHAMPOLLION LE JEUNE	44, 132, 133
Code	11, 12, 22, 41, 43-46, 52, 63, 73, 74, 76, 77, 79, 81, 85, 86, 97, 101, 131
Codification	11, 101, 102, 131
COIANIZ A.	77
Communication	11-13, 17-19, 21-24, 28, 31, 41, 43, 47, 64, 68, 73, 74, 101, 111, 117, 119, 123, 124, 126, 131, 134
CORRAZE J.	43, 45

D

DARWIN C.	9
Distance sociale/proxémie	30, 45, 46
DUBOIS J.	49
ECO U.	101
EINSTEIN	9

G

Groupe 11, 20, 21, 25, 27, 30, 34-36, 45, 46, 49, 70, 101, 109, 121, 129, 131, 134

GUILLOTON N. 117

GUMPERZ J. 20, 21, 101

H

Habitus 17

HALL T. E 23, 30-32, 46

Hiéroglyphe/idéogramme 44, 81-84, 132, 134

I

Interaction 20-24, 28, 31-35, 64, 65, 68, 72, 75, 77

Internet 11, 12, 17-20, 23-25, 27, 28, 32, 34, 36, 41, 46-50, 52, 53, 63, 64, 67-69, 73-76, 78-80, 83, 86, 97, 99, 104, 107-127, 129, 131, 133-135

K

KERBRAT-ORECCHIONI C. 20, 22-24, 27, 28, 30-33, 64, 68, 72, 76-78

L

Langage 10, 11, 19, 21, 22, 26, 33, 41-44, 46, 47, 49, 50, 53, 54, 67, 68, 72, 74, 76, 78-80, 85, 94, 97, 101, 110, 112, 129, 131, 134

Langue 9, 11, 21, 28, 32, 43, 44-46, 50-51, 53, 63, 66, 67, 69, 71, 73, 74, 75, 77-80, 82, 83, 101, 104, 110, 112-118, 120, 130, 131, 134, 135

LAPLANCHE J. 81

LEROI-GOURHAN A. 42

LI LEYI 82, 84-86

Logogramme 43, 44, 53, 79, 80, 86-88, 90-92, 94, 95, 97, 101, 102, 112, 131, 132

M

MARTIN M. 25, 28, 102, 105, 106, 123
MINTZBERG H. 120, 121

0-P

OUAKNIN M.A. 52, 53
Outil scripturaire 86
Pictogramme 44, 49, 51, 52, 81-83, 87, 88, 90, 91, 93-95, 101, 102, 107, 133, 134
PONTALIS J.-B. 81
Praxis 34, 101, 105, 112, 118, 124, 130
PROULX S. 19, 47, 48, 73, 74, 107, 111, 113, 119, 123, 124, 126

Q-R

QUENEAU R. 79
RAMONET I. 17
ROGERS D. 21
ROUQUETTE C. 125

S-T

SAND G. 21
SAUVAGEOT A. 79
STRAUSS A. 11, 131
TRAVERSO V. 20

V-W-Z

VILLERS DE M.É 114
WOLTON D. 18, 26, 119, 120, 125-129

LISTE DES ILLUSTRATIONS

Tableau 1 — Présentation des termes et expressions en usage sur l'Internet (corpus 1) 54
Tableau 2 — Présentation des termes et expressions en usage sur l'Internet (corpus 2) 60
Tableau 3 — Compilation des résultats — corpus 1 65
Tableau 4 — Compilation des résultats — corpus 2 69
Tableau 5 — Présentation des spécificités du discours oral et du discours écrit 77
Figure 1 — Exemple d'évolution d'une graphie de type idéographique 85
Figure 2 — Table des caractères pour la police Arial 86
Tableau 6 — Champ sémantique des expressions du visage 89
Tableau 7 — Pictogrammes à une icône et plus 89
Tableau 8 — Attribut ou statut sexuel 90
Tableau 9 — États émotionnels et concepts 91
Tableau 10 — Pictogrammes composés de trois icônes 92
Tableau 11 — Pictogrammes composés de quatre icônes 93
Tableau 12 — Pictogrammes composés de cinq icônes 94
Tableau 13 — Pictogrammes composés de six icônes et plus 94
Tableau 14 — Présentation d'une série de logogrammes complexes 95
Figure 3 - Le célèbre calligramme d'Apollinaire — La colombe poignardée et le jet d'eau 96
Tableau 15 — Vocabulaire de l'informatique et de l'Internet 103
Tableau 16 — Vocabulaire de l'informatique et de l'Internet 104
Tableau 17 — Vocabulaire d'Internet : arobase 112
Tableau 18 — Vocabulaire d'Internet : courriel 114
Tableau 19 — Vocabulaire d'Internet : e-mail 115
Tableau 20 — Article publié *in* Les chroniques de la cyberpresse, recherche terminologique 117
Tableau 21 — Vocabulaire d'Internet : gratuiciel 118
Tableau 22 — Vocabulaire d'Internet : partagiciel 118
Tableau 23 — Taux d'équipement des ménages en micro-ordinateur et accès à l'Internet pour les années 1996-2004, en % 125

L'HARMATTAN, ITALIA
Via Degli Artisti 15 ; 10124 Torino

L'HARMATTAN HONGRIE
Könyvesbolt ; Kossuth L. u. 14-16
1053 Budapest

L'HARMATTAN BURKINA FASO
Rue 15.167 Route du Pô Patte d'oie
12 BP 226
Ouagadougou 12
(00226) 50 37 54 36

ESPACE L'HARMATTAN KINSHASA
Faculté des Sciences Sociales,
Politiques et Administratives
BP243, KIN XI ; Université de Kinshasa

L'HARMATTAN GUINÉE
Almamya Rue KA 028
En face du restaurant le cèdre
OKB agency BP 3470 Conakry
(00224) 60 20 85 08
harmattanguinee@yahoo.fr

L'HARMATTAN CÔTE D'IVOIRE
M. Etien N'dah Ahmon
Résidence Karl / cité des arts
Abidjan-Cocody 03 BP 1588 Abidjan 03
(00225) 05 77 87 31

L'HARMATTAN MAURITANIE
Espace El Kettab du livre francophone
N° 472 avenue Palais des Congrès
BP 316 Nouakchott
(00222) 63 25 980

L'HARMATTAN CAMEROUN
BP 11486
Yaoundé
002374586700
002379766166
harmattancam@yahoo.fr

645498 - Mars 2016
Achevé d'imprimer par

1livre.com
du rêve à la réalité !